HERMÈS
Brasil

Brasil: do país do futuro às incomunicações do presente

Organizadores:
Juremir Machado da Silva
Roberto Chiachiri
Tom Dwyer

Direção
Dominique Wolton

CNRS Éditions
Editora Sulina

Revista Hermès (1988-)

Diretor responsável: Dominique Wolton
Editor-chefe: Bernard Valade
Secretária de Redação: Sacha Serero
Editora: CNRS Éditions

Desde 1988, a revista *Hermès* dedica-se ao estudo e à pesquisa da área da comunicação. Fundada e dirigida por Dominique Wolton, no âmbito do Centro Nacional de Pesquisa Científica da França (CNRS), publica dois números por ano. Conta também com duas coleções de livros (*Les Essentiels d'Hermès* e *CNRS Communication*). Com vocação transdisciplinar e internacional, integra pesquisadores de vários países e domínios do conhecimento científico nas humanidades.
http://hermes.hypotheses.org
http://cnrseditions.fr

Conselho editorial da revista Hermès:

Hermès no exterior (2024):

Edições recentes da Hermès

2024/1: *L'Europe du Nord, si proche, si lointaine* (nº 93)
2023/2: *La voix, force la de radio* (nº 92)
2023/1: *La marche* (nº 91)
2022/2: *L'Europe, entre incommunications et guerres* (nº 90)
http://cairn.info https://www.cairn-int.info/journal-hermes-la-revue.htm

Mais recentes publicações na coleção *Les Essentiels*:

Peyre, Nicolas; Rouet, Gilles (org.). *Sport, communication et politique*, 2024.
Lavarec, Lionel. *Design et Communication – Créations Collectives*, 2023.
Joux, Alexandre. *Journalisme et post-vérité*, 2023.

Hermès Brasil (2024)

Organizadores: Juremir Machado da Silva, Roberto Chiachiri e Tom Dwyer
Parceiros acadêmicos: PPGCOM/PUCRS, PPGCOM/UMESP e IFCH/Unicamp
Editoras: Sulina/CNRS
https://www.editorasulina.com.br/biblioteca-digital-livros.php

Próximo número especial

Europa Central e Oriental

Palavra do diretor de redação

Por que o Brasil?

A revista *Hermès* foi criada há 36 anos para abrigar reflexões sobre a importância da comunicação no mundo, especialmente da comunicação política. Em quatro décadas, temos publicado textos que tratam em profundidade de temas em torno das dificuldades de comunicação, internas e externas, dentro de um país, ou entre nações ou culturas diferentes, mas também sobre os riscos da total falta de comunicação e sobre a importância capital da negociação. Não há alternativa de paz e possibilidade de entendimento e cooperação frutífera se não há vontade de negociar o tempo que for necessário, nas mais diferentes situações. Este número especial da *Hermès* é dedicado ao Brasil. É essencial dizer algumas palavras sobre nossa escolha.

O Brasil tem lugar de destaque no mundo, particularmente na América Latina, mas também na América do Norte, por sua dimensão continental e pela influência que exerce junto aos seus vizinhos. Além disso, experimentou diferentes regimes políticos, o que lhe dá muita experiência histórica. No século XXI, o Brasil tem passado por renovações culturais, econômicas, políticas e tecnológicas impactantes. Tudo isso não acontece sem o exercício intenso da sua capacidade de negociação, o que leva a renovadas formas de coabitação com os outros. Sem contar que, do ponto de vista interno, o Brasil é um dos países mais diversos que se tem, tendo sofrido múltiplas contribuições no seu processo de constituição como nação. Tudo isso sem perder a unidade e sem deixar de ter a sua identidade.

É importante entender como o Brasil se vê e como vê o seu entorno, como se posiciona e como se compreende na relação com os outros. É dessa inclinação para a negociação que vem a confiança e a força para avançar. Deve-se explorar as dificuldades de comunicação para evitar a ausência de comunicação e, pela negociação, produzir a comunicação da coabitação. Em diversos sentidos é disso que trata esta edição da revista *Hermès*.

Dominique Wolton

Apresentação

Brasil: do país do futuro às incomunicações do presente

Desde as primeiras décadas do século XX, o Brasil frequentemente foi designado como o "país do futuro", em oposição a uma América Latina ancorada no passado. Essa designação fulgurante, disseminada pelo escritor austríaco Stefan Zweig em seu livro homônimo, expressava a convicção de que a nação sul-americana possuía um vasto potencial, embora, por diversas razões, ainda não o tivesse realizado completamente. No entanto, ao examinar a situação atual, torna-se inevitável ponderar sobre as "incomunicações do presente" que desafiam esse otimismo. Ao se debruçar sobre a realidade contemporânea, é inevitável questionar: quando essa utopia do futuro foi fragmentada? A dificuldade de diálogo entre diferentes setores da sociedade, como as questões ambientais, direitos humanos e políticas públicas, frequentemente se torna arena de conflitos acalorados, em que a falta de um diálogo construtivo prejudica a busca por soluções efetivas.

Nas últimas décadas, o Brasil viveu diversos modelos pós-ditadura para definir seu rumo político e socioeconômico. Cada fase, representada por figuras emblemáticas, reflete não apenas ideologias, mas também desafios intrínsecos à complexa tessitura do país. A marcha política do Brasil, representada por modelos diversos, delineia uma trajetória marcada por experimentos e paradigmas em constante metamorfose. Do liberalismo aventureiro de Fernando Collor de Mello, primeiro presidente eleito depois do regime militar, na eleição de 1989, à social-democracia de Fernando Henrique Cardoso, do nacional-desenvolvimentismo do Partido dos Trabalhadores (PT) ao populismo de extrema direita de Jair Bolsonaro, cada fase carrega suas próprias contradições e desafios. No palco político, em que o poder do Centrão, um conjunto de partidos ditos fisiológicos, se entrelaça com a polarização e a ascensão dos evangélicos, as negociações políticas muitas vezes eclipsam a transparência e distanciam os cidadãos dos processos decisórios.

As incomunicações do presente, caracterizadas pela disparidade no acesso à internet, polarização política e falta de diálogo construtivo, são fatores que colaboram para a desmistificação da utopia do futuro, que enfrenta agora o desafio de reconectar seus princípios à realidade no Brasil presente, lidando com as complexidades de um universo interligado e em constante evolução. Em um panorama intrincado, política e economia entrelaçam-se, com a economia frequentemente proferindo a última palavra, delineando assim as nuances desafiadoras que permeiam o atual cenário nacional. No contexto brasileiro, a força do identitarismo permeia os debates, destacando questões relacionadas a gênero, raça e orientação sexual. A busca por representatividade, embora legítima, enfrenta frequentemente resistências que evidenciam as profundas divisões sociais. A comunicação, parece ter se transformado em um terreno propício para incomunicações.

A relação com a mídia reflete disputas e conflitos que ultrapassam os limites do jornalismo, agindo fortemente no imaginário e na percepção da coletividade. Redes sociais, aplicativos, *fake news* e inteligência artificial emergem como protagonistas, redesenhando o panorama informativo. No entanto, a sutil linha entre informação e desinformação coloca em dúvida a confiabilidade das fontes, desafiando a habilidade da sociedade em discernir entre verdade e manipulação. Ainda ecoa uma pergunta que já foi tema de canção, de crônica e crítica política: que país é este?

Nesta edição da revista *Hermès* Brasil, questões cruciais sobre comunicação, tecnologia, política e cultura no contexto brasileiro contemporâneo são trazidas à tona explorando a inter-relação que os textos evidenciam em um cenário global de incertezas e transformações. Esta coletânea procura entender as dinâmicas sociais, econômicas, culturais e políticas do Brasil, quando oferece uma visão crítica dos desafios enfrentados em diversas áreas e quando sugere diálogos e reflexões necessários para a construção de um futuro mais justo e sustentável.

Na parte I – Comunicação, Incomunicação e Acomunicação – autores como Francisco Rüdiger e Antonio Hohlfeldt refletem sobre o papel da comunicação na sociedade brasileira, com destaque para a construção histórica da incomunicabilidade social e os desafios de se estabelecer uma epistemologia autônoma nos estudos de comunicação no país. Marcelo Pereira da Silva e Ana Maria Dantas de Maio abordam as barreiras linguísticas que geram incomunicação nas organizações. Roberto Chiachiri analisa a relação entre a teoria da Incomunicação de Dominique Wolton e a Educação para a Paz quando afirma que ambas as abordagens são complementares.

A segunda parte – Tecnologias – explora as novas tecnologias e suas implicações para a comunicação e a sociedade. André Lemos discute a precariedade da comunicação digital e suas fragilidades inerentes, enquanto Lucia Santaella reflete sobre o impacto da inteligência artificial no Norte e no Sul Global, destacando os riscos que podem ampliar desigualdades culturais. Alexander Goulart e Rosângela Florczak de Oliveira, utilizando as enchentes de 2024 no Sul do Brasil como exemplo, evidenciam as fragilidades da comunicação em tempos de emergência, questionando o papel das plataformas digitais na disseminação de desinformação.

A terceira seção – Política – se aprofunda nas crises políticas e econômicas brasileiras. Renato Janine Ribeiro e Tarso Genro discutem a crise da democracia e das utopias modernas em um cenário de crescente polarização política. Cristiane Gutfreind, por outro lado, analisa o papel dos documentários políticos como ferramentas de memória e crítica no Brasil. Rachel Meneguello examina 20 anos de pesquisas sobre a democracia no Brasil, revelando sua vulnerabilidade a ameaças autoritárias e a queda do conhecimento popular sobre o tema, especialmente durante o governo Bolsonaro. Tom Dwyer discorre sobre a trajetória econômica do Brasil desde o pós-Segunda Guerra, passando pelo "milagre econômico", ditadura militar e Plano Real.

Por fim, a última parte – Culturas e Interculturalidades –, Deivison Moacir Cezar de Campos e Cláudia Renata Pereira de Campos relatam como a música negra no Brasil utiliza referências ao Antigo Egito para preservar a memória e a identidade afro-brasileira. Antonio Florentino Neto propõe a importância de diálogos entre cosmologias indígenas e chinesas como alternativas ao colapso ambiental iminente, enquanto Mariana Hase Ueta e Niklas Weins abordam a necessidade de comunicação intercultural entre Brasil e China, visando a construção de uma relação baseada em respeito mútuo e conhecimento, abalada durante o governo Bolsonaro. Brenda Carranza e Magali Cunha, por sua vez, avaliam como a mídia religiosa tem sido um canal de propagação de desinformação no Brasil. As razões profundas por trás da perseguição sofrida pelo padre Júlio Lancellotti são trazidas por Álvaro Nunes Larangeira e Juremir Machado da Silva, que expõem a criminalização da pobreza e o conflito ideológico que emerge da perseguição ao trabalho assistencial do padre Júlio, revelando um embate entre compaixão e exclusão.

Os organizadores

Sumário

Parte II: (Tecnologias)

Parte III: (Política)

Parte IV: (Culturas e interculturalidades)

Entrevista com Dominique Wolton

O Brasil e a América Latina vistos de fora

Dominique Wolton nasceu em 1947, em Douala, Camarões, filho de pai inglês e mãe francesa. Pesquisador do Centro Nacional de Pesquisa Científica da França (CNRS), publicou trinta livros, entre os quais a trilogia *Informar não é comunicar*, *Comunicar é negociar* e *Pensar a incomunicação*. Desde 1988 ele dirige a revista científica *Hermès*. Acostumado a visitar o Brasil desde os anos 1980 a convite de universidades brasileiras, tem um olhar bastante específico sobre a América Latina no mundo globalizado. Nesta entrevista, concedida em setembro de 2024, ano do seu título de *Doutor Honoris Causa* atribuído pela Pontifícia Universidade Católica do Rio Grande do Sul, por iniciativa do seu Programa de Pós-Graduação em Comunicação Social, Wolton desvenda o seu olhar sobre as relações internacionais e o papel da comunicação nos complexos processos de cooperação entre nações.

Tom Dwyer – Você veio para o Brasil, na primeira vez, em 1988, como um jovem sociólogo, conhecido por outras coisas além da comunicação aqui no Brasil. O que encontrou no país na ocasião?

Dominique Wolton – Vim pela comunicação. O Brasil me interessou por ser um país grande e com o poder da televisão privada, como a Globo. Há duas coisas que me impressionaram. A primeira é que havia uma inflação enorme na época e, como resultado, da noite para o dia tinha cada vez menos dinheiro para as universidades. A segunda coisa que me impressionou, vindo da Europa, foi que a Globo, apresentada pelos intelectuais brasileiros como sendo uma ditadura, na verdade, era uma televisão generalista de massa com obrigações implícitas de serviço público. Então não concordei com meus interlocutores marxistas. Assim, quando traduziram *O elogio do grande público* para o Brasil, acredito que os meus colegas intelectuais devem ter me boicotado durante pelo menos três ou quatro anos. Achavam que eu era pago pela Globo para dizer que a emissora era interessante. Essas são minhas duas primeiras lembranças. Além da beleza de Copacabana. Há uma terceira coisa: em São Paulo estávamos na Europa. Na Europa e nos Estados Unidos ao mesmo tempo. Essas são as lembranças que tenho.

Roberto Chiachiri – Em "Viva a incomunicação, a vitória da Europa", livro traduzido por mim para o português, cujo título é: *Um brinde à Incomunicação: reflexões a partir da Europa*, você explica sua teoria política da comunicação que destaca os valores positivos da incomunicação e da negociação. Trata-se, portanto, de compreender que essa abordagem é crucial para o projeto político da Europa. Como poderíamos importar esse projeto para a América Latina?

Wolton – Para mim a ideia é muito simples. Deve ser dito que não há grande diferença desse ponto de vista entre a América Latina e a Europa. Há boa parte das mesmas línguas e das mesmas tradições. Talvez a contribuição da Europa para as teorias da comunicação, mesmo minoritária, esteja particularmente no que estou tentando fazer, mostrar que a comunicação é primeiro incomunicação: dificuldade de comunicação. Esse tipo de desvio pela incomunicação poderia ser muito útil para a América Latina, que é demasiado influenciada por um esquema americano com suas três dimensões, transmissor, mensagem, receptor, como se houvesse uma continuidade e uma espécie de ilusão sobre o projeto tecnológico. O conceito de incomunicação, que vem mais da Europa, numa visão política da comunicação, ainda tem a vantagem de dizer e consciencializar que a incomunicação é fundamental para compreender a comunicação. Isso, penso eu, é libertador para povos mais complicados, como a latino-americana e o Brasil em particular.

Juremir Machado da Silva – Gostaria de aproveitar esta oportunidade para perguntar: quais são as dificuldades e incomunicações na América Latina e no Brasil em especial?

Wolton – Há três diferenças a considerar. Primeiro, a Europa se interessa menos pela América Latina do que esta pela Europa. Existem três grandes países na América Latina, México, Argentina, Brasil, que são mais importantes que os outros, com desigualdades econômicas e sociais clássicas. A terceira desigualdade é que a relação com os indígenas, com os povos originários, não é a mesma dependendo do lugar em que se está, Brasil, México, Peru ou Chile. Penso que isso é uma questão de desigualdade, porque, tal como na Europa, não fizemos o trabalho de pensar a relação entre os imigrantes e as populações originárias. Acho que isso desempenha um papel importante. A última coisa a destacar é que os Estados Unidos sempre consideraram a América Latina como a sua colônia e que os americanos têm sido bastante desiguais em relação aos países latino-americanos. Talvez gostassem da Argentina ou do México, não conheço os detalhes, mas, em todo caso, havia tratamento desigual por parte dos Estados Unidos. Por último, se olharmos com bastante atenção para as desigualdades que existem, elas são antes de tudo econômicas entre os diferentes países da América Latina. Elas são também culturais, ou seja, não existe uma cultura comum, mesmo que para um europeu existam muito mais ligações entre latino-americanos do que entre europeus, mas os latino-americanos não veem isso. Por fim, penso que os latinos sofrem e experimentam uma espécie de indiferença por parte dos europeus. Ao mesmo tempo, acredito que os europeus, independentemente das falhas dos latinos, têm um papel significativo na indiferença com a América Latina.

Dwyer – Agora os eixos da economia global mudaram. A Ásia é o centro, o polo dinâmico do mundo, e é muito difícil para o Brasil se adaptar a isso por causa dessa eurofixação que temos. Nossos principais parceiros, os maiores parceiros econômicos do Brasil, estão na Ásia, mas nada sabemos sobre isso. Como você vê tudo isso?

Wolton – Penso que a América Latina é vítima da ideologia do Sul Global. Isto é, a China e a Ásia estão tentando dizer que o Sul Global está aí, que todos se juntarão a ele contra o Ocidente. Acho que isso é um erro porque o Sul Global não vai se sustentar. Na verdade, o Sul Global é a forma chinesa de querer ter liderança em nível mundial. A América Latina, em vez de ficar fascinada pela China, como a África ficou fascinada pela China há 15 anos, deveria dizer a si mesma que as suas verdadeiras raízes, as verdadeiras parcerias, ainda são com a Europa. A América Latina deveria ser muito mais dura com os europeus principalmente porque os europeus se entendem com os latino-americanos enquanto os chineses não se entendem bem com os brasileiros. A solução não é se voltar para o Sul Global e para a Ásia, mas encontrar as raízes europeias da América Latina e tentar diminuir a disputa com os Estados Unidos. Por outras palavras, impedir que os Estados Unidos tratem os latino-americanos como cidadãos de segunda classe, o que ainda ocorre. Talvez o Brasil se junte mais claramente ao Sul Global, mas acho que a solução não está aí. Melhor ainda é permanecer no Ocidente e com os países ocidentais. Existem três grandes partes do Ocidente a considerar: América do Norte, América do Sul e Europa. Nós, europeus, precisaremos muito, caso contrário talvez haja uma vingança da América Latina, do que os latino-americanos podem nos trazer.

Dwyer – Mas, Dominique, tentamos vender os nossos produtos para França, para a Europa, e quem impõe obstáculos? Os franceses. Para onde devemos ir? Devemos ser pobres só por causa disso?

Wolton – Não, isso é simplesmente o que se chama de contradições secundárias entre os marxistas. A verdade é que os interesses objetivos do Brasil não estão do lado da China porque as diferenças culturais são gigantescas. O que me interessa mais do que a economia são os pontos de vista culturais. Ainda assim, mesmo que as relações entre a Europa e a América Latina não sejam boas, não sejam as melhores, é mais fácil construir relações entre a Europa e a América Latina do que construir relações com a Ásia.

Dwyer – Sim, mas a diferença é que isso não vai nos fazer comer. Vocês não se importam com a nossa economia.

Wolton – Não é verdade. Durante as duas guerras, a Argentina e o Brasil, até o México e talvez outros países, ajudaram muito a Europa e os Estados Unidos. Portanto, ainda existe uma espécie de conexão mesmo que não falemos sobre isso. Existe uma história comum. Não há uma história comum com a Ásia, mesmo que os mercados asiáticos sejam mais importantes. Ao mesmo tempo, temos de reconhecer que os mercados asiáticos chegam a um bilhão. E nós, os mercados da Europa ou da América Latina, somos 500 milhões cada um. Ora, 500 milhões mais 500 milhões perfazem o bilhão chinês. Não creio que devamos, portanto, ficar fascinados pelo poder chinês. Eu estaria mais interessado em que os latino-americanos pedissem regras internacionais. Porque há mais pontos em comum entre a Europa e a América Latina do que há pontos em comum entre a América Latina e a Ásia. O que fazemos? Estamos centrados numa espécie de incomunicação econômica com a Europa.

Dwyer – Estamos numa situação de acomunicação com a Europa. Você não está visualizando nossos produtos.

Wolton – Não, não é isso. Ainda é guerra econômica. Desde três mil anos antes de Cristo sempre houve guerra. Eu quero te vender, você não quer comprar. É uma relação de forças que se estabelece. Situação clássica. Os europeus não são anjos. Nem os latino-americanos. Por exemplo, é o mesmo problema para África. Eles mudaram em comparação com 10 anos atrás. Os africanos compreenderam que a China não será a solução para o seu desenvolvimento, pois os chineses estão na África, antes de mais nada, para servirem a si próprios.

Dwyer – Bom. Não acho que você esteja certo sobre isso.

Wolton – Mas é porque você está fascinado pela Ásia.

Dwyer – Não é isso...

Wolton – Ouça-me, Tom. Eu gostaria de terminar. Não

estou falando de você, Tom. Mas o seu discurso, sim, faz parte do discurso daqueles que estão decepcionados com a Europa e que imaginam que haverá uma solução alternativa com o Sul Global. Isso é um erro porque os países ocidentais, incluindo a América Latina, são os ocidentais. Eles não são asiáticos. Os asiáticos não sabemos onde estão. Nada diz mais do que as contradições na China, que não farão com que a China exploda como aconteceu com a URSS. Não estou dizendo que o Ocidente esteja em boa forma. Mas os latino-americanos não são anjos. A Ásia menos ainda. Estou mais do lado dos valores do que dos interesses econômicos. Eu penso do lado dos valores. Existem mais ligações entre a Europa e América Latina. Eu só estou interessado, na minha escala modesta, no que podemos fazer para unir esses dois mundos, em vez de saber se o Sul Global vai vingar. Mesmo na África do Sul, que faz parte do Sul Global, há ódio contra a China. As relações de força se impõem.

Dwyer – Tenho uma perspectiva diferente por causa do meu trabalho com os BRICS, mas não vou insistir.

Wolton – Os BRICS são um bom exemplo. Foi o que eu disse sobre o Sul Global. BRICS é uma reunião temporária de países. Na verdade, os BRICS estão refazendo o Terceiro Mundo da década de 1970 para resistir aos americanos e europeus. Normal. É a guerra econômica. Não creio que os BRICS durem muito, pois as diferenças culturais entre os países BRICS são enormes. Ou seja, penso muito com base nas diferenças culturais, mais do que no poder econômico. Talvez eu esteja errado.

Dwyer – Sim, porque a visão da diplomacia brasileira é que, ao dialogar com outras partes do mundo, abre-se para nós um espaço que não está aberto ao Norte.

Wolton – Sim, talvez. Eu entendo a pergunta, Tom. Mas duas coisas devem ser respondidas. Em primeiro lugar, como devo dizer? Mesmo nos BRICS a África do Sul não provoca agora muito entusiasmo porque é demasiado poderosa. Depois de algum tempo, nestes reequilíbrios internacionais, há novas hegemonias. Concordo que a América do Norte e a Europa talvez não sejam necessariamente ideais para vocês, mas não acredito de forma alguma que os outros grandes países do BRICS, do Sul Global, permitirão o desenvolvimento mais facilmente. Acrescento que se a economia brasileira amanhã estiver muito bem, os brasileiros tentarão dominar os países ao redor do Brasil. Esta é a lei da economia capitalista. Os brasileiros não são anjos. Querem, como os outros, virar potência regional, engolir a Argentina, isolar o México ao norte, e depois aos poucos, principalmente se começarem a ter confiança em si mesmos, impor-se numa zona de influência.

Chiachiri – Em livro publicado recentemente na França, *Pensar a incomunicação*, você quis pensar

na incomunicação para evitar o risco da acomunicação. Nas suas palavras o objetivo é impedir que a globalização, que deveria encarnar uma aventura e uma mudança, transforme-se em o ódio ao outro. O que estamos vendo hoje, principalmente no Brasil, é uma polarização política na qual predomina o ódio. Qual pode ser a fórmula mágica da incomunicação para atenuar esse movimento de intolerância e esses conflitos de nível baixo?

Wolton – Só tenho a experiência e a utopia da Europa. Os europeus, que se odiavam e estavam em competição, conseguiram encontrar um modo incrível de cooperação com a União Europeia, passando de seis para nove, 12, 15, 28 e 27. Não há outra solução para a América Latina sair das suas rivalidades e ciúmes do que criar gradualmente não os mesmos mercados comuns que a Europa, mas algo que seria a cooperação entre as diferentes economias continentais. Os Estados Unidos, claro, não têm interesse nisso. Ao contrário, os latino-americanos só ganhariam em desenvolver a cooperação entre eles. Seria um pouco parecido com a União Europeia. Ambos os continentes, Europa e América Latina, enfrentam a mesma questão de identidade e de salvaguarda da sua identidade. Portanto, há muitas semelhanças a levar em conta.

Silva – Queremos conhecer um pouco mais sobre a sua visão europeia do Brasil e da América Latina. Para um sociólogo europeu que conhece bem o Brasil, o que o Brasil representa?

Wolton – O que me vem à cabeça é que o Brasil tem o mesmo problema da África do Sul, ou seja, a mistura e a construção de uma coabitação. Creio que a unidade nacional será mais fácil no Brasil do que na África do Sul porque os ódios e as guerras entre os povos da África do Sul são mais violentos do que os ódios e guerras no Brasil. Não é o paraíso o Brasil. Há muitas diferenças entre o Norte e o Sul. Acredito que a superação mais ou menos rápida de todos os golpes de Estado no Brasil, de Vargas a Bolsonaro, mais as ditaduras e diferentes regimes políticos, tornaram-se, de fato, um fator favorável para a sedimentação de uma forma positiva de reconstrução. Há mais chances de que a cooperação e a comunicação sejam positivas no Brasil do que na África do Sul ou na China. Por quê? Por dois motivos. O primeiro é que existem tradições de democracia vagamente europeias no Brasil. Em segundo lugar, os brasileiros vivenciaram vários regimes políticos. É uma experiência considerável a ser explorada no presente e no futuro.

Silva – Durante séculos, houve uma relação muito estreita entre o Brasil e a França do ponto de vista das ideias. Lemos muitos intelectuais franceses que tiveram enorme influência na cultura brasileira. Teve quem veio morar no Brasil, como Claude Lévi-Strauss e Roger Bastide. Hoje há uma espécie de releitura do papel dos intelectuais e da cultura europeia em

relação à América Latina e à África. Falamos muito de estudos pós-coloniais. Como vê essa releitura e crítica ao papel de colonizadores dos europeus?

Wolton – Os europeus foram colonizadores durante séculos. Acabou. O 11 de setembro de 2001 representa o fim da dominação europeia no mundo. Teremos de respeitar mais a África tal como teremos de respeitar mais a América Latina. Por outras palavras, os países europeus ainda não percebem, certas vezes, que amanhã serão muito mais obrigados a respeitar as diferenças culturais. Estou bastante otimista mesmo assim. O Brasil exprime todas as diferenças culturais e não há mais como negar ou ignorar essa diversidade nas trocas interculturais.

Dwyer – No Brasil, se tirar os indígenas, todo mundo fala português, todo mundo é cristão. Onde está a diferença cultural num país tão uniforme? Há uma uniformidade incrível e uma ideia comum expressa na bandeira nacional, ordem e progresso. Acima de tudo, o progresso, o desenvolvimento, que ainda é um horizonte, uma espécie de utopia a que chegamos, depois ruiu, e agora estamos tentando retomá-la. Todo mundo fala em desenvolvimento, mas não sabemos mais como fazê-lo.

Wolton – É uma boa questão. Certamente haveria um trabalho crítico a ser feito no Brasil e mesmo na América Latina, assim como para listar todos os erros nas políticas econômicas adotadas pelos países latino-americanos particularmente sob influência americana ou europeia. Sair de todas as mitologias. Eis uma tarefa a ser cumprida.

Dwyer – Posso fazer uma pergunta sobre economia? A inflação, quando você chegou nos anos 80, era uma loucura, mas estava muito ligada ao desenvolvimento. Era simbiótico, inflação e desenvolvimento. Como é que a sua teoria da comunicação lida com uma questão do tipo essa da inflação e com o caos econômico numa sociedade?

Wolton – Em primeiro, segundo e terceiro lugares, com redução das desigualdades econômicas e sociais. Não se pode cooperar e comunicar com muita desigualdade. Depois, é fundamental ter um olhar crítico em relação aos Estados Unidos e à Europa, mas também à própria América Latina. Sair, como em 1945, da guerra entre os países para cooperar. Se os europeus conseguiram cooperar entre eles, por que os latino-americanos não seriam capazes de fazer o mesmo?

Chiachiri – Nas suas palavras é fundamental reabilitar a comunicação humana e o papel dos homens na política, reduzindo a importância da performance técnica. Vemos, porém, que por toda parte a comunicação tecnológica ganha terreno, sobretudo em anos eleitorais, o que acarreta difusão de notícias falsas e manipulação das mensagens. Ainda dá tempo de recuperar realmente a comunicação humana?

Wolton – A primeira condição é regulamentar GAFAM (Google, Amazon, Facebook, Apple, Microsoft). Só tem regulamentação na Europa. Em segundo lugar, temos de sair da ideologia tecnicista. O mundo acadêmico precisa parar de adorar incondicionalmente a internet. Nós, intelectuais, temos uma responsabilidade pela ausência de trabalho crítico. Os grandes povos do México, do Brasil e da Argentina deveriam ser capazes de pensar de novo sobre os pontos fortes e os limites da internet e das redes. E isso quer dizer que temos que pensar quando é útil e quando é inútil. Neste momento, no mundo, há o início de uma agitação de reflexão crítica sobre os limites da tecnologia digital. Não é suficiente porque há muito interesse econômico em jogo.

Chiachiri – Recentemente Elon Musk, dono do X, deveria nomear um representante legal para sua empresa no Brasil e bloquear perfis envolvidos em investigações criminais, etc., incluindo um senador brasileiro. O que ele não fez. Foi, então, bloqueado por decisão do STF. Parte da população interpretou isso como um ato de censura. Qual é o seu ponto de vista sobre este assunto?

Wolton – Não é censura de forma alguma. Isso é completamente demagógico. Essa é a visão da Primeira Emenda americana. Não há liberdade se não houver lei. Se queremos liberdade, precisamos de lei. E a lei não mata a liberdade. A lei é a condição da liberdade. Hoje, quando dizemos que devemos regular as redes, não é um ataque à liberdade. Pelo contrário, trata-se simplesmente de estabelecer possivelmente a democracia. Quando os americanos dizem que criticar GAFAM é pôr em causa a democracia, temos de reagir: não, ao contrário, está se estabelecendo as condições para a democracia. A demagogia é de parte dos americanos. E agora vão justificar o fato de serem muito favoráveis às redes dizendo que ela é para fazer frente aos chineses.

Silva – Gostaria de voltar à influência dos intelectuais franceses no Brasil. Eu diria que hoje quem tem mais influência entre nós é talvez Michel Foucault. Gostaria que analisasse um pouco o papel de Foucault na hegemonia de certas ideias atuais. Por exemplo, sobre o feminismo, sobre questões de raça e gênero. Como vê essa perspectiva de analisar as coisas e de organizar o conhecimento e a pesquisa?

Wolton – A influência dos pensadores franceses é a influência de certos pensadores. Isto é, aqueles que são marxistas ou aqueles que são sistemistas. É uma influência intelectual de pessoas que dizem que o mundo está dominado. Em torno de 80% dos intelectuais criticam todas as outras pessoas no mundo. São apenas 20% ou 30% que dizem "mas espere, podemos lutar, podemos salvar o mundo". O que está acontecendo hoje na América Latina é a mesma coisa de quando os filósofos marxistas estavam muito na moda nos Estados Unidos, nas décadas de 1970 e 1980. Na verdade, há uma tentação nas ciências sociais de considerar que o mundo está sempre podre, que tudo é controlado. Acho que isso é uma ilusão. Essa é uma ideologia tecnicista ou uma ideologia capitalista. O papel dos pesquisadores universitários é reduzir a influência, não apenas deles, mas também dos líderes empresariais, dos políticos, dessa visão pessimista do mundo.

Silva – Mas é uma questão de vontade, de determinação, de ser otimista, ou é uma questão de análise e de demonstração? Os intelectuais são capazes de demonstrar o que pensam ou são apenas ideias, discursos que depois serão seguidos ou não?

Wolton – Acho que os intelectuais não se bastam, que não fazem muito o seu trabalho e confundem as pessoas. O intelectual deve ser uma função crítica. Os intelectuais brasileiros, por exemplo, tenho certeza de que têm uma visão ingênua das relações sociais, ideológicas e políticas no Brasil. Eles têm caricaturas como na França. Está tudo podre. Não é verdade. Não há respeito suficiente pela complexidade sociocultural. É por isso que incentivo muita a cultura, pois a diversidade cultural exige que entendamos que a política é mais complicada do que pensamos. Os mexicanos não são idiotas, nem os brasileiros, argentinos, etc. Há uma coisa que é verdade na América Latina: não há muita curiosidade sobre a América Latina como um todo. É por isso que deveria haver o início de um mercado comum. Temos de inventar outros vocabulários e cooperação econômica. Houve alguns ensaios com o NAFTA. Os latino-americanos precisam trabalhar mais na sua economia mútua, pois isso acelerará a cooperação. Há muito mais semelhanças na América Latina do que em qualquer outro lugar.

Silva – Como a França ou os intelectuais franceses veem atualmente a situação política da América Latina em relação, por exemplo, à Argentina, à Venezuela e até ao Brasil, que passou de Jair Bolsonaro a Lula, o retorno de Lula? Como olha para esses fenômenos tão diferentes e ao mesmo tempo tão importantes na América Latina?

Wolton – A minha resposta é um pouco pessimista quanto a isso. Em primeiro lugar, os países europeus não estão, infelizmente, interessados na América Latina. Segunda coisa, confundem um pouco os países porque é complicado, tem muitos países, etc. Em terceiro lugar, eles têm uma ideia que é um estereótipo, pois os estereótipos são muito resistentes, um estereótipo negativo que diz "Oh, estes latinos não são sérios, estão sempre a fazer revoluções ou a criar ditaduras". Todo mundo diz que existem estereótipos ridículos sobre a América Latina. Imaginamos que os países latino-americanos são uma bagunça, com muita corrupção, quando na verdade boa parte dos países desenvolvidos, México, Brasil, Argentina e principalmente Chile, estão em uma situação muito mais complexa. Existe uma simplificação.

Acho que isso é uma vergonha para a América Latina e para a Europa.

Dwyer – Dominique, Alain Touraine trabalhou sobre a América Latina. Escreveu "Palavra e sangue", que é um livro geral dos anos 1980, sobre a América Latina. Defendeu a ideia de que a América Latina tem atores sociais e produz modernidade com muita força. Mas é uma modernidade diferente da europeia por causa da pobreza, das culturas, das histórias. Será a modernidade uma noção capaz de permitir o diálogo entre a Europa e a América Latina?

Wolton – Sim, sim. Touraine estava certo ao chamar isso de "Palavra e sangue" porque sintetiza bem. Mas para passar do sangue à fala ainda temos de respeitar uns aos outros. A tragédia atual é que o Norte, a Europa, não está suficientemente interessado em compreender as diferenças. Os europeus facilmente se enquadram em estereótipos em relação à América Latina e não entendem que um brasileiro não tem nada a ver com um chileno, com um mexicano. Como disse, não há curiosidade suficiente sobre as diferenças. Penso que a modernidade poderia ser aceita como um ponto comum entre os dois, desde que colocássemos ao lado da palavra "modernidade" a expressão "aceitação da diversidade cultural". Os europeus precisam compreender que os latino-americanos não são como eles. Devemos respeitar a diferença. Neste momento, os europeus estão mais convencidos de que os latino-americanos deveriam parecer-se com europeus. Essa não é a questão. A questão é que os europeus respeitem as diferenças culturais dos latino-americanos.

Dwyer – Seu amigo, o Papa, é argentino. Quando vemos a Igreja Católica, que é um dos grandes fatores, como a Globo e o Exército Brasileiro, de unidade nacional, vemos que agora a Igreja Católica só tem 70% da população brasileira. Existem principalmente seitas e cultos protestantes vindos da América do Norte. Como o Papa, nas suas discussões com ele, vê o cenário da América Latina a partir deste avanço dos evangélicos nesta parte do mundo?

Wolton – É bem complicado isso. As representações de uns sobre os outros custam a mudar. A América Latina olha para a Europa e os Estados Unidos, mas não força a Europa e os Estados Unidos o suficiente para também olharem para as suas diferenças. Existe uma espécie de complexo de inferioridade por parte da América Latina.

Dwyer – É chamado de complexo vira-lata.

Silva – É uma expressão de um grande cronista brasileiro, de direita, Nelson Rodrigues, com muito talento, que disse que o brasileiro sofre de uma espécie de complexo de cachorro de rua.

Chiachiri – Cão sem raça.

Wolton – É verdade. O terrível é que a situação no Brasil vem melhorando para o resto da América Latina há 30 anos, mas o europeu de boa fé ainda tem na cabeça os estereótipos dos anos 1970. Entenderam que não há mais golpes militares, mas ainda acham que dominam os chapéus de palha com caminhões americanos indo em busca de cana-de-açúcar. Esses são estereótipos um tanto ingênuos. A questão que é interessante é por que a classe dominante brasileira não é mais agressiva em dizer ao mundo europeu, e mesmo ao Sul Global, e até mesmo ao Brexit, ouçam, parem de nos considerar assim, de nos tomar por idiotas. Não é só carnaval no Rio de Janeiro. Dito isto, a história mundial e a diplomacia trabalham com estereótipos, pois não podemos fazer de outra forma. E verdade que também é preciso ser capaz de não interpretar os estereótipos literalmente para ser irônico. Ou seja, o brasileiro deveria dizer de vez em quando, mas sim, vocês têm razão, somos sempre assim, não nos levamos a sério. Porque é isso que pensamos, os latino-americanos não são sérios. Acho que os latino-americanos não usam humor o suficiente contra os europeus.

Silva – Dominique, você falou muito sobre ideologia tecnicista e sempre fala da importância de voltar a valorizar a comunicação humana. Isso é possível diante do desenvolvimento tecnológico e da inteligência artificial? Isso é realmente algo possível e necessário? Ou, se me permite ser provocativo, é um pouco a nostalgia de um homem de outra época, da era das utopias revolucionárias e humanistas?

Wolton – Não, não, o futuro não é a comunicação técnica, o futuro é a comunicação humana. Simplesmente para trazer de volta a comunicação humana devemos criticar a ideologia tecnicista. É por isso que a regulamentação da internet e GAFAM será a primeira condição. Os europeus, mesmo que não sejam rápidos, já estão um pouco à frente, pois justamente estão tentando criticar GAFAM. Na minha opinião, não serão os Estados Unidos que farão as primeiras críticas radicais a GAFAM, mas sim a Europa. Os latino-americanos, depois de um complexo de modernidade, ficarão felizes em ver que a Europa critica e limita o poder de GAFAM. A consciência global ainda acontece muito pela Europa.

Silva – Você falou muito, Dominique, sobre a importância da televisão aberta para a democracia. Hoje dizem que a televisão morreu, é coisa do passado. Agora são o streaming e outras possibilidades tecnológicas de comunicação. A televisão ainda desempenha um papel importante na vida das pessoas e na democracia ocidental?

Wolton – Sempre que há um acontecimento importante as pessoas assistem na televisão, porque o vínculo social é a televisão. Vemos a guerra no Oriente, na Ucrânia ou os Jogos Olímpicos de Paris na tevê. Isso é verdade para o mundo inteiro, para chinês, francês, americano, etc. Não estou preocupado com isso, leva tempo para a consciência aparecer.

Dwyer – Você é um especialista em comunicação muito renomado, *doutor honoris causa* pela PUC do Rio Grande do Sul. Em poucas palavras, como sua primeira visão do país mudou ao longo do tempo e como esse contato com o Brasil contribuiu para mudar a sua teorização?

Wolton – Eu diria que o que me chama a atenção no Brasil realmente, não sei o suficiente sobre isso, mas mesmo assim, é justamente a força da modernidade. Com certeza uma questão complicada é como conectar essa modernidade econômica e financeira com as tradições originárias dos séculos XIX e XVIII. Certamente há um problema aí, nada evidente. Não é fácil. A modernidade vence, mas não devemos destruir o que resta da tradição. Já não resta muito da tradição no Brasil. O Brasil sempre foi moderno. Então, deve-se tomar cuidado para não matar completamente a tradição. A segunda coisa, eu acho, é voltar à análise das relações entre o Brasil, a América Latina e a Europa. Ainda precisamos de reflexão crítica. Talvez, em terceiro lugar, se não conseguirmos criar o mercado comum com todos os países latino-americanos, tenhamos de começar já com dois ou três. Haverá um conflito com os Estados Unidos, pois os Estados Unidos dizem que precisamos de um mercado comum e, ao mesmo tempo, estão muito felizes por continuar a dividir.

Silva – Durante décadas, o Brasil foi descrito como o país do futuro. Foi até uma espécie de representação nacional começada com um livro do escritor austríaco Stefan Zweig, que chamou o Brasil de país do futuro. Para quem vem ao Brasil, quem conhece o Brasil, quem tem contato constante com os brasileiros, qual é o futuro do Brasil agora?

Wolton – Diria talvez paradoxalmente o simétrico da África do Sul, mas menos racista. Há vários países que lidam com a coabitação cultural, mas os dois grandes são a África do Sul e o Brasil. Acho que é mais violento na África do Sul do que no Brasil. Claro que há racismo no Brasil e tudo mais. Certamente existem desigualdades. Mas creio que ainda existe uma forma, que não é de unidade cultural, mas de herança cultural comum, apesar do tamanho do país, de os pobres estarem no Norte e os ricos no Sul. O Brasil está mais próximo de uma visão pacífica do que a África do Sul. Talvez eu esteja errado. Na África do Sul existem várias populações. A Nigéria, na África, é um país grande, há muita violência também, mas há muito menos diversidade linguística e cultural na Nigéria do que há na África do Sul ou no Brasil.

Silva – Finalmente, durante muito tempo, os franceses, mas também outros na Europa, olharam para o Brasil um pouco como um destino exótico. O que lhes interessava era o carnaval, a caipirinha, as mulheres bonitas, uma espécie de paraíso sexual onde tudo seria permitido. Estará esta visão estereotipada ultrapassada? Consegue-se olhar agora para o Brasil

como um país moderno, com muita tecnologia, com um desenvolvimento muito forte? O Brasil hoje é mais São Paulo ou continua a ser um destino exótico, a terra do sol?

Wolton – Os estereótipos duram muito mais que a realidade. Então, o estereótipo sobre o Brasil, caipirinha e Copacabana continua existindo. Porque precisamos desse sonho. Não são necessariamente os brasileiros que precisam desse mito. São os europeus também ou os americanos. Então, sim, permanecerá, mas entrará cada vez mais em conflito com outra representação mais moderna. Por exemplo, já existe esse conflito quando vemos a capital e o resto do Brasil. Cabe aos próprios brasileiros dizerem ok, mantemos a herança do passado, de tudo que fomos, mas também existe o Brasil moderno. Talvez seja complicado para os brasileiros, mas não só para eles, falar sobre uma identidade brasileira moderna que não seja simplesmente a reprodução de uma identidade americana ou europeia. Existe uma identidade brasileira plural, mas ela se espelha, às vezes, demais nos Estados Unidos e na Europa. Os americanos nunca se interessam pela cultura, não querem avançar. Em última instância, é a Europa que deveria dizer aos latino-americanos, ouçam, também aqui em casa, a cultura é muito importante, mas não falamos sobre isso porque senão nos mataríamos. Sabemos que a cultura dos países é muito diferente na Europa. Sim, existe diversidade cultural, sim, existem estereótipos a vencer. Ao mesmo tempo, não existem soluções prontas neste momento e os latino-americanos têm de fazer coexistir essas diferentes identidades.

Silva – Você nos pediu para organizar um dossiê sobre o Brasil e a América Latina para a revista *Hermès*. Quais são as conexões entre o Brasil e a América Latina que lhe chamam a atenção?

Wolton – Entendo que, em última instância, entre o Brasil e a América Latina o que há comum é uma tradição cultural ocidental. Claro, existe a história dos povos originários. Há indígenas do Peru que não são iguais aos brancos de Buenos Aires. O que liga o Brasil à América Latina e vice-versa, contudo, ainda é, talvez eu me equivoque, uma identidade cultural, apesar de todas as diferenças. De fato, podemos dizer que o desafio do Brasil, por exemplo, em comparação com a África do Sul, é evitar que toda essa heterogeneidade se transforme em fator de guerra. A comunicação política é muito importante na América Latina para garantir essa tão necessária coabitação. É um modelo europeu? Sim. Mas também é um modelo ocidental.

Silva – A influência de intelectuais como Jean-Paul Sartre ou de Régis Debray exportando a revolução para a América Latina acabou?

Wolton – Não temos mais revolução para exportar. Estamos todos diante do mesmo problema, a coabitação, a convivência entre diferentes.

Francisco Rüdiger
Antonio Hohlfeldt
Marcelo Pereira da Silva
Ana Maria Dantas de Maio
Roberto Chiachiri

PARTE I
(Comunicação, incomunicação, acomunicação)

Francisco Rüdiger
Universidade Federal do Rio Grande do Sul

Perspectivas brasileiras em epistemologia da comunicação:

Teoria da Ciência ou Fenomenologia + Teoria Crítica?

Resumo: Surgiu no Brasil movimento acadêmico visando conferir aos estudos de comunicação fundamentação epistemológica autônoma. Disso dá-se exemplo nestas páginas relatando as propostas apresentadas por Muniz Sodré e Ciro Marcondes. Argumenta-se que, influídos pela teoria da ciência, cada um a seu modo promove ilusão quanto ao sentido de projetos acadêmicos cujo estatuto, de fato, se referencia para eles na filosofia.
Palavras-chave: epistemologia da comunicação: Brasil, pensamento comunicacional brasileiro: Muniz Sodré/ Ciro Marcondes.

Résumé: Un mouvement académique a émergé au Brésil visant à donner aux études de communication un fondement épistémologique autonome. Un exemple en est donné dans ces pages rapportant les propositions présentées par Muniz Sodré et Ciro Marcondes. On soutient que, influencé par la théorie des sciences, chacun favorise à sa manière l'illusion sur le sens des projets académiques dont le statut, en fait, s'y réfère en philosophie.
Mots-clés: épistémologie de la communication: Brésil, pensée communicationnelle brésilienne: Muniz Sodré/ Ciro Marcondes.

Abstract: An academic movement has emerged in Brazil to provide communication studies with an autonomous epistemological foundation. This is exemplified in this article by the proposals presented by Muniz Sodré and Ciro Marcondes. It is argued that, influenced by the theory of science, each in their own way promotes the illusion with regards the meaning of academic projects the status of which, in fact, finds its base in philosophy.

Keywords: epistemology of communication: Brazil, brazilian communication thought: Muniz Sodré/Ciro Marcondes.

Talvez sem par noutras comunidades acadêmicas da área de estudos da comunicação de massas pelo mundo, surgiu no Brasil, durante as duas primeiras décadas do século 21, um empenho particularmente notável por parte de vários de seus teóricos no sentido de refundar as perspectivas epistemológicas com as quais a referida área foi introduzida e se desenvolveu no país a partir do início dos anos 1970.

Passou a despontar um coletivo que, pretendendo representar ou, mais exatamente, promover uma nova consciência epistemológica, voltou a falar em comunicação como ciência possuidora de identidade própria, a fim de conferir à área maior legitimidade e, quem sabe, repercutir positivamente no aprimoramento da prática de pesquisa (Rüdiger 2022).

Vigorara, desde o surgimento da área, o entendimento de que a pesquisa sobre comunicação humana era interdisciplinar. Havia certo consenso de que o tema, sendo disperso nas manifestações, era passível de estudo pela ótica de distintas disciplinas. Mas, também de que essas poderiam convergir ou colaborar para seu esclarecimento genérico, mantendo em vista a referência ao conceito de "comunicação" (Neiva, 1991).

Nos últimos anos, a perspectiva mudou: passou-se a investir na tese de que poderia haver um agenciamento disciplinar nesta área do conhecimento. Disso dão exemplo maior Ciro Marcondes Filho e Muniz Sodré, não apenas por serem nomes a quem, em parte, se deve o surgimento da reflexão teórica e da pesquisa crítica em comunicação no país, mas pela originalidade e ambição das propostas com que intervieram na discussão.

Comunicologia ou fenomenologia iniciática?

Falecido em 2020, Ciro Marcondes Filho fez carreira como um dos grandes nomes da área de estudos da comunicação de massa no Brasil. Mais para o final, voltou seu interesse para a teoria da comunicação, após diagnosticar, como também fez Muniz Sodré, o suposto colapso de suas antigas fórmulas, por volta do ano 2000.

Em seu ver, ocorre, com efeito, que os esquemas baseados na distinção analítica tanto quanto política entre as figuras do emissor, do intermediário e do destinatário, provenientes da filosofia do sujeito, se tornaram anacrônicos. Na atualidade, a comunicação de massas, midiada, teria passado a se confundir com a sociedade e, em meio a tanto, surgiu uma nova forma de agenciá-la, em que tudo aquilo se esfuma, ao passar a funcionar conjunta e indistintamente, como destacou Lucien Sfez (1995).

Visando superar teoricamente essa situação, o primeiro passo seria entender que o estudo dos fenômenos comunicacionais deve ser distinguido daqueles que, embora costumem ser tomados por tais, não são, de fato ou em essência, comunicacionais. Devemos explorar uma nova ontologia, de inspiração heraclitiana, para agregar-lhe outra epistemologia, focada na comunicação mesma, em vez das suas circunstâncias tecnológicas, políticas, sociológicas, etc.

Marcondes hesita no registro epistemológico, ao falar alternadamente em ciência e teoria da comunicação. Em seu ver, a comunicação é objeto de ciência, porque não pode ser caracterizada do modo como faz o senso comum. "As caracterizações usuais não permitem um refinamento conceitual que o torne operacionalizável enquanto pesquisa [científica]." (Marcondes, 2018, p. 13).

Por outro lado, ele afirma que as ciências sociais não têm como estudá-la em sua especificidade: "Nenhuma delas estuda de fato a comunicação propriamente dita", pois investigam fenômenos de outra ordem (p. 9). Os acontecimentos comunicacionais não estão a seu alcance, sendo esses, em última análise, "mistério": "fenômeno insondável pelas análises empírica ou semiótica" (p. 15).

O autor contrapõe o seu estudo, eventualmente chamado por ele de comunicologia, ao estudo dos meios, a mediologia, para tomar partido pela primeira, arguindo que só com ela se fundará de verdade "o campo científico da comunicação" (Marcondes, 2018). Ao lermos sua obra, fica claro, porém, que a nova teoria em que sua comunicologia se baseia não se inscreve no registro da ciência. "A comunicação pertence, em primeiro lugar, ao campo da filosofia." (Marcondes, 2004, p. 11).

A comunicação não é um objeto, mas uma questão; comporta reflexão, teoria, mas não ciência, ao menos convencionalmente – sendo "algo que pode ocorrer ou não", de acordo com circunstâncias essencialmente individuais e passageiras. A coisa, vindo a ser, acontece em movimento, precariamente, exigindo pois que aceitemos a provisoriedade do saber a respeito, a inevitável redução desse último à memória, do ponto de vista epistemológico (Marcondes, 2010).

De acordo com o teórico, o fenômeno não é um processo corrente, que pode ser estudado de maneira metódica e sistemática, ainda que explorando múltiplas problemáticas em distintos contextos. Possui um caráter absolutamente diferente da simples fala e do mero se informar, passando ao lado da compreensão imediata do significado de uma manifestação dada à experiência. Aproxima-se e virtualmente se confunde com a relação estética que podemos entreter com a existência, como, procedendo transcendentalmente, havia preconizado Kant (Marcondes, 2010, p. 22).

Os acontecimentos comunicacionais são efeito momentâneo e inusitado da convergência de múltiplas subjetivações, só podendo ser conhecidos introspectivamente e na brevidade de sua própria ocorrência. A coisa ocorre no instante oportuno, no encontro único e acidental de todas as causas favoráveis e, portanto, jamais pode ser capturada positivamente, como deseja a ciência convencional. Os estudos posteriores a seu acontecimento, sejam eles quais forem, não são por isso comunicacionais, mas outros: a comunicação pode ser teorizada e, através desta, tornar-se objeto de sabedoria, mas não conhecida, no sentido lógico e sistemático.

Marcondes fala muito em método, mas este pouco ou nada tem a ver com o que se entende por tanto na ciência, remetendo ao pensar em meio ao movimento, ao fluir da experiência, em vez da aplicação de regras e procedimentos analíticos a objetos predeterminados. Apoiando-se na fenomenologia filosófica, defende que a base para, mais que teorizar, apreender a comunicação em sua variedade de manifestações se encontra na vivência imediata da relação de cada um com o que quer que se apresente na sua estranheza e impenetrabilidade (Marcondes, 2010).

Para ele, o objetivo da pesquisa em comunicação consiste em saber o que se passa com a gente mesmo e identificar onde e como a coisa, a comunicação, acontece, seja fora ou em meio ao contínuo atmosférico midiático que se abateu sobre a existência. É tentar trazer à luz qual é a nossa reação e o que fazemos com o que ocorre no momento em que o acontecimento comunicacional se verifica (Marcondes, 2010, p. 247-276).

A gente, no caso, só pode ser, porém, o sujeito informado pela teoria em questão, isto é, um pesquisador conscientemente "metapórico": sem a presença desse sujeito, o que ocorre, mesmo extraordinariamente, pode ser vivido como qualquer coisa, em vez de comunicação, por outra pessoa. O método pretende dar ao estudioso a possibilidade de viver na própria pele o fenômeno que está estudando, em vez de preparar informações visando seu escrutínio e discussão racional por parte dos interessados.

A comunicação humana não se confunde com o processo de transmissão de informações ou as significações que se pode ou não tirar de um material simbolizado. A comunicação é um evento que, raro e sempre único, irrepetível, nos faz repensar alguma coisa, jamais se sabe qual de antemão. A tarefa do saber se reduz a transmitir este ensinamento, para ajudar a diminuir as resistências à sua vinda, e a registrar os acontecimentos comunicacionais e suas circunstâncias, para ampliar nosso esclarecimento teórico a respeito.

Ciência do comum ou teoria crítica?

Pioneiro dos estudos de comunicação e cultura de massa no Brasil, sem dúvida seu nome de maior prestígio, Muniz Sodré (★1942) igualmente veio a reivindicar posição potencialmente privilegiada para aqueles estudos no horizonte do saber contemporâneo. Sintonizou com Marcondes, ao arguir que a condição de epifenômeno que ele tradicionalmente atribuiu aos processos de comunicação se tornou extemporânea. As perspectivas e métodos das ciências sociais e da linguagem, sobretudo se tomadas isoladamente, estão se tornando antiquadas. Os critérios epistemológicos que seguiam não se aplicariam mais, conforme a vida social migra e se instala no mundo virtual, graças ao desenvolvimento da informática de comunicação (Sodré, 2002).

A oportunidade para se pensar e desenvolver uma ciência aberta ao diálogo com as demais, mas focada na análise deste processo, se origina dessas circunstâncias. A resistência anteposta por área acadêmica preocupada sobretudo em desenvolver competências profissionais, sem dúvida, freia seu avanço. O pensamento, todavia, de certa forma passa a exigi-lo, se é para não apenas conhecer suas instituições e conflitos, mas, como deseja o autor, intervir no processo mantendo em vista preocupação com o futuro do sujeito humano em meio à nova ordem tecnológica (Sodré, 2014, p. 155).

Sodré se mostra bem menos refratário aos aportes que podem trazer as ciências sociais e da linguagem do que Marcondes, ao argumentar que um dos objetivos de sua ciência do comum é "construir uma ecologia cognitiva capaz de fazer o cruzamento dos diferentes eixos do saber tecnocientífico com os valores humanistas", sem permitir que "o discurso reflexivo" se desconecte "do senso comum dos agentes sociais da comunicação" (p. 180).

Por isso e muito mais, porém, a caracterização de sua causa como ciência nos parece essencialmente retórica, uma concessão desnecessária ao pensamento positivista. De fato, Sodré se revela devedor da teoria crítica, em vez da filosofia da ciência, ao arguir que, se é para o saber ser público, não basta divulgar informações. Tem de haver um "empenho ético-político-antropológico no sentido de viabilizar uma compreensão das mutações socioculturais dentro de um horizonte e autoquestionamento, baseado na afirmação da diferença essencial do homem" (p. 172).

Assim como Marcondes, o pensador se ampara na fenomenologia, variando apenas a chave de leitura, essencialmente husserliana, subjetivista, no caso de Marcondes; em última instância heideggeriana, mas antropológica, no caso de Sodré. Decerto não é fortuito que Sodré caracterize a ciência do comum como "sistema de inteligibilidade", em vez de "método de análise", para esclarecer o que está propondo. Quer-se assim contornar os embaraços que podem advir do emprego do termo ciência para o que se apresenta declaradamente como uma "redescrição hermenêutica" (reinterpretação) em chave emancipatória da cultura e comunicação de massa (p. 192).

Apesar de a expressão ser usada, de fato não há método na ciência do comum sodreana, já que a "operação redescritiva" não é mais que a prática de "releitura das questões tradicionais da sociedade, à luz das mutações culturais ensejadas pelas tecnologias da informação e da comunicação" (p. 305). Importante é considerar o ponto de partida histórico para tanto: a sublimação tecnológica das relações sociais promovida pelo capital, na chamada midiatização (Sodré, 2002).

Marcondes e Sodré coincidem em muitos pontos, ao fazerem diagnóstico predominantemente negativo da situação criada para nós com o que eles, seguindo tendência, resumem ser a midiatização da sociedade. Apesar de a esquematização dos fatores variar, ambos estão de acordo que, assim, viemos a nos tornar prisioneiros de um modo de vida profundamente problemático. Que empobrece a experiência humana, endossa condutas destrutivas em distintos níveis, e tolhe a procura por alternativas de desenvolvimento individual e coletivo eventualmente melhores. Serve ou se confunde com a manutenção de sistemas de poder político e econômico, no mínimo, injustos e predatórios para a maioria.

Por outro lado, argumentam, agora com diferenças significativas, quer na perspectiva de transformação, quer no termo de referência, que isso não ocorre totalmente, a expensas de forças e reservas contrárias e com as quais seus projetos acadêmicos pretendem se conectar ou prestar alguma forma de serviço.

Em Marcondes, trata-se da experiência, predominantemente individual, de ruptura consigo mesmo e com as instituições, cada vez mais formatadas nos corpos e nas almas pelas fantasias, esquemas e representações midiáticas, ensejada pelo que, durante pequenos instantes, vibra diferente na vida dos sujeitos, pouco importa a origem – e ele, arbitrariamente, identifica como a verdadeira comunicação.

Já em Sodré, a argumentação é comparativamente mais complexa, apontado em duas direções. O progresso das relações mercantis instalou o homem em situação determinada pelo capital e a tecnologia, até chegar ao ponto de explorar a comunicação. A comunicação humana, todavia, não se deixa dominar totalmente, visto depender primariamente de ordem simbólica inalcançável, seja pela técnica, seja pelo capital. O fato dela ser agenciamento do que o autor chama de comum e, assim, condição das relações sociais impõe limites à sua exploração.

A possibilidade de transcendência do sistema se origina em parte daí, mas não se deve, segundo os estudos do autor, menosprezar o papel que nisso tudo também tem a resistência, não necessariamente construtiva e benfazeja, oferecida de distintas maneiras pela afetividade humana às ordens tecnocráticas. As pulsões e afetos irracionais sem os quais os poderes não têm como explorar política e economicamente as massas são em princípio os mesmos que, conforme a situação, podem servir de base para o ser humano confrontar o poder e seus agentes, tornando-se referência para os trabalhos do saber comunicacional (Sodré, 2006).

Idealismo e reificação

Weber arguiu que a reflexão teórica elaborada por especialistas em uma área de pesquisa pode ser portadora de esclarecimentos potencialmente mais úteis ao seu desenvolvimento científico do que a trazida pelo filósofo da ciência generalista, que "passando ao largo dos objetivos epistemológicos das ciências especializadas, faz com que estas últimas dificilmente consigam se reconhecer a si mesmas nas suas considerações" (Weber, 1992, p. 156).

Para nós, esta tese ilumina o aspecto em análise nos projetos pretendidamente científicos referidos neste artigo. Começando por Sodré, observaremos que o autor não cita e, portanto, não tem como analisar um exemplo concreto de ciência do comum. Tudo é teoria e a função dessa, em vez de analítica, é política. Na falta de evidências primárias para amarrar de dentro, fica-se com a impressão que ela só serve para enfeixar a matéria de fora. A proposta responde menos à carência epistemológica do que ao desejo de fornecer orientação supostamente mais valiosa do que o faz a abordagem positivista.

Sodré passa por alto o fato de que o nascimento de uma nova ciência social não depende apenas de crítica às antigas e boa exposição de princípios da vindoura. Antes disso, requer relatos de pesquisa, a discussão e acolhida dos seus problemas de investigação e dos métodos elaborados para desenvolver o conhecimento na prática, por parte de um setor representativo, minimamente legitimado da devida comunidade científica, em sendo séria.

Nessa perspectiva, Ciro Marcondes parece, em comparação, mais coerente do que Sodré, já que, na exposição de sua comunicologia, pelo menos apresenta a exigência de investigação e seu discurso do método. A vantagem é, todavia, enganosa, pois, como insinuado em nossa revisão, o objetivo do estudo da comunicação se encontra contraditoriamente viciado.

Se por um lado propende à reificação, consistindo sempre e tão somente em não apenas reportar mas viver o acontecimento comunicacional em sua pureza; de outro, sucumbe no impressionismo, pensando poder "repassar" aos outros "a força, o ânimo, a vitalidade, em suma, a vida do evento comunicacional" (Marcondes, 2010, p. 265-274).

Referências

MARCONDES FILHO, Ciro. *Comunicologia ou mediologia*?. São Paulo: Paulus, 2018.

MARCONDES FILHO, Ciro. *O princípio da razão durante*. São Paulo: Paulus, 2010.

MARCONDES FILHO, Ciro. *O escavador de silêncios*. São Paulo: Paulus, 2004.

NEIVA, Eduardo. *Comunicação*: teoria e prática social. São Paulo: Brasiliense, 1991.

RÜDIGER, Francisco. *Epistemologia da comunicação no Brasil*. Vitória: Milfontes, 2022.

SFEZ, Lucien. *Critique de la communication*. Paris: Seuil, 1995.

SODRÉ, Muniz. *A ciência do comum*. Petrópolis: Vozes, 2014.

SODRÉ, Muniz. *As estratégias sensíveis*. Petrópolis: Vozes, 2006.

SODRÉ, Muniz. *Antropológica do espelho*. Petrópolis: Vozes, 2002.

WEBER, Max. *Metodologia das ciências sociais*. Parte 1. São Paulo: Cortez; Campinas: Unicamp, 1992.

Antonio Hohlfeldt
Instituto Histórico e Geográfico do Rio Grande do Sul

Brasil, história da incomunicabilidade social

Resumo: Como se construiu o espaço social da imprensa no Brasil a partir de uma política de comunicação que faria da incomunicação um padrão de controle político.
Palavras-chave: Brasil, imprensa, Portugal, incomunicabilidade, história.

Résumé: Comment l'espace social de la presse s'est construit au Brésil à partir d'une politique de communication qui ferait de l'absence de communication une norme de contrôle politique.

Mots-clés: Brésil, presse, Portugal, incommunicabilité, histoire.

Abstract: The article relates how the social space of the press was built up in Brazil, beginning with a communications policy that makes incommunication a standard of political control.
Keywords: Brasil, impressed, Portugal, incommunicability, history.

Ainda que não houvesse a interdição da metrópole portuguesa, afirma José Marques de Melo, em *Sociologia da imprensa brasileira: a implantação* (1973), inexistia um público consumidor para a imprensa que eventualmente se publicasse na colônia lusitana da América do Sul, o Brasil, entre 1500 e 1800. Primeiro, pela pouca densidade populacional dos escassos agrupamentos urbanos; em segundo lugar, pela altíssima taxa de analfabetismo, que chegava aos 90% daquela população. Por fim, pelas enormes distâncias que deveriam ser percorridas para a distribuição dos periódicos. Aqueles aptos à leitura eram exceção.

Assim, desde logo, configurou-se, no projeto colonial implantado no Brasil, uma espécie de radical distanciamento social entre os diferentes segmentos populacionais, constituídos por autóctones (indígenas), negros escravizados, eventuais prisioneiros trazidos de Lisboa e abandonados à sorte, na nova terra, alguns colonizadores, uns troços de soldados: todos estes viviam, de certo modo, às margens da organização social implantada, centralizada num possuidor de algum título de nobreza, concedido ou adquirido, e nomeado pelo Rei como administrador e usufruidor das eventuais vantagens da terra. Esses *ninguéns*, como os refere, sinteticamente, Darcy Ribeiro (1995), miscigenaram-se, mas isso não lhes mudou o isolamento social. Pelo contrário, só ampliou a situação: um miscigenado não era nem indígena, nem branco, nem negro, nem... ninguém. Este radical distanciamento social configurava, em consequência, uma espécie de incomunicabilidade social: o administrador ordenava, seguindo, por sua vez, as ordens emanadas da metrópole, igualmente sem qualquer resquício de diálogo, a que somava suas próprias determinações; os demais obedeciam ou se escondiam, distribuindo-se inclusive, fisicamente, pelas grotas e esconderijos possibilitados pela densidade da floresta, o agreste do sertão e a aridez das áreas desérticas, tudo isso assolado por eventuais ataques de grupos nativos cujos territórios haviam sido invadidos em suas posses, territórios memoriais que guardavam sua história e suas tradições, assim violadas.

O avanço e a expansão de ocupação dos territórios não modificaram essencialmente este contexto, antes, agravaram-no. Basta se lembrar do projeto de catequização desenvolvido essencialmente pelos jesuítas. Para aqueles religiosos, tratava-se de impor valores e referências que nada tinham a ver com a cultura indígena. Assim, desconhecia-se e negava-se, enquanto bárbaro, selvagem e anticatólico, a cultura centenária de tais populações que, ademais, eram sumariamente eliminadas, se não pela escravidão, sobretudo pelas doenças trazidas pelo colonizador e de que tais populações eram vítimas, sem quaisquer oportunidades de defesa. O mesmo Darcy Ribeiro evidencia os morticínios provocados, o mais das vezes inconscientemente mas, em outras ocasiões, deliberadamente. Ou seja, negava-se a existência do Outro, enquanto tal, limitando-se a colonização a um monólogo que eliminava qualquer possibilidade de audiência ou de troca de informações e reconhecimento (Ribeiro, 1968).

Este projeto desenvolveu-se tanto contra o indígena quanto contra o negro escravizado que, ao contrário do indígena, obrigado ao convívio físico com o homem branco, buscou contornar esta situação, através do sincretismo, transformando seus deuses nas figuras de santos da igreja católica.

Um dos exemplos mais chocantes desta tendência é o episódio ocorrido em Belo Monte, mais conhecido como Canudos, no interior da Bahia, e exemplarmente documentado por Euclides da Cunha, tanto nas reportagens enviadas desde o campo de batalha como na obra exemplar escrita poucos anos depois, *Os sertões* (1902), ainda hoje referência obrigatória para se compreender que esta incomunicabilidade foi uma característica essencial do projeto de desenvolvimento do Brasil, seja ao tempo da colônia, seja depois, ao longo do império e até mesmo nas primeiras décadas da República (o movimento de Canudos ocorreu a partir de 1896, sendo o grupo exterminado pelas forças do exército, depois de quatro expedições, em 1897, conforme o impactante relato de Euclides da Cunha).

Para se compreender o hiato existente, basta lembrar que Euclides da Cunha acabou acompanhando o exército, enquanto repórter, exatamente porque havia publicado dois artigos, nas páginas do jornal "O Estado de São Paulo", instando o governo central a controlar urgentemente a considerada, até então, insurreição popular liderada por Antonio Conselheiro, contra a República. Sob o título "A nossa Vendéia", referência a um episódio ocorrido na França, em 1793, em que camponeses e nobres se levantaram contra a Revolução de 1789, Cunha escrevia:

> *O homem e o solo justificam assim de algum modo, sob um ponto de vista geral, a aproximação histórica expressa no título deste artigo. Como na Vendéia o fanatismo religioso que domina as suas almas ingênuas e simples é habilmente aproveitado pelos propagandistas do império.* (Cunha, 2000, p. 51)

Para Euclides da Cunha, tratava-se de resguardar a República – para ele, um avanço civilizacional em relação à situação anterior – a que a administração Floriano Peixoto precisava responder de qualquer modo.

Não havia diálogo entre os dois segmentos. Para os republicanos, Canudos era monarquista e opunha-se ao sistema republicano. Precisava, pois, ser eliminado. O belo filme de longa-metragem *Canudos* (1997) realizado por Sérgio Rezende, a partir da obra de Euclides da Cunha, consegue, em contrapartida, evidenciar a realidade então vigente: camponeses miseráveis, analfabetos, absolutamente esquecidos pela administração pública, eram oprimidos pelos proprietários de terras mais opulentos ou sofriam pressão das autoridades burocráticas, traduzidas sobretudo na cobrança de impostos impossíveis de serem pagos. O roteiro do filme particulariza, numa família, todo o processo que então ocorre e é denunciado por Euclides da Cunha em seu livro. O que fazer? Vender a terra, se possível, até mesmo abandoná-la, simplesmente, juntando-se ao grupo de Canudos. Assim cresceu aquela comunidade que nada mais buscava que a sobrevivência. Mas atacados, aqueles sobreviventes trataram de se defender.

Em nenhum momento qualquer autoridade buscou compreender a situação. É Euclides da Cunha quem narra, objetivamente, o episódio ocorrido em Juazeiro, origem pontual e imediata do conflito: Antonio Conselheiro adquirira certa quantidade de madeiras, que pagara antecipadamente, para construir uma igreja, mas ao decorrer o prazo de entrega do material, sem que isso ocorresse, parece que propositadamente, o líder resolveu ir à cidade buscar pessoalmente o material. Isso foi interpretado enquanto um ataque armado, o que motivou a requisição de forças militares, cerca de uma centena de soldados, tudo ocorrendo ao longo do mês de novembro de 1896. A tropa foi derrotada, melhor dizendo, humilhada, sem qualquer preparo físico, emocional e de armamento para enfrentar os homens do Conselheiro. Os camponeses haviam se antecipado e atacaram na madrugada. Isso ocorreu no dia 21. Já no dia 25, uma segunda expedição militar estava organizada. Enquanto os comandos militares solicitavam armamento pesado, ao governo do Rio de Janeiro, os boatos alarmantes sobre o povo de Canudos se ampliavam.

Nenhuma conversa. Nenhuma tentativa de compreender o que ocorrera. As versões de cada grupo. Os camponeses eram bandidos, jagunços, malfeitores, deveriam ser eliminados, pura e simplesmente. Não passava pela cabeça dos representantes da República se colocar no lugar de, ou dialogar com a liderança, ao mesmo tempo civil, bélica e religiosa, de Antonio Conselheiro, que precisava ser, pura e simplesmente, eliminado.

A luta foi terrível. Um morticínio. A síntese de Euclides da Cunha o revela:

> *Canudos não se rendeu. Exemplo único em toda a História, resistiu até o esgotamento completo. Expugnado palmo a palmo, na precisão integral do termo, caiu no dia 5 [de outubro], ao entardecer, quando caíram os seus últimos defensores, que todos morreram. Eram quatro apenas: um velho, dous homens feitos e uma criança, na frente dos quais rugiam raivosamente cinco mil soldados* (Cunha, 2000, p. 571).

As últimas ações são deploráveis: localiza-se a cova rasa em que Antonio Conselheiro fora enterrado, a qual é aberta, retirado o corpo, cortada a cabeça, fotografado o crânio. A afirmação da força, a decisão irrevogável de que não havia espaço para qualquer diálogo. Além da reafirmação da política eugenista, então vigente, na República.

Pior: o episódio de Canudos não foi o único. Há documentos, e sobretudo documentos literários a respeito de outros episódios, como a revolta dos Mucker, no Rio Grande do Sul, o Contestado, no limite entre Santa Catarina e o Paraná, e o Caldeirão, episódios documentados, dentre outras obras, por Luiz Antonio de Assis Brasil (*Videiras de cristal*, 1990), Guido Wilmar Sassi (*Geração do deserto*, 1964) e Cláudio Aguiar (*Caldeirão*, 1982), respectivamente. Por coincidência, todos os episódios ocorrem na segunda metade do século XIX quando, justamente, a teoria eugenista, antes mencionada, orienta a medicina e os estudos sociológicos no Brasil. Em todos estes casos, o processo é o mesmo: grupos humanos miseráveis, marginalizados, lutando por uma sobrevivência mínima, animados por alguma figura que depois a sociologia vai chamar de liderança messiânica, tentam alcançar alternativas de sobrevivência. Na medida em que começam a ter sucesso na empreitada, são considerados ainda mais perniciosos e, portanto, suficientemente perigosos, a serem eliminados, inclusive fisicamente. Para isso, usa-se o exército e seus soldados. Ironia suprema: estes soldados são também oriundos das mesmas camadas sociais negadas e desqualificadas. São eles, contudo, instados a concretizar o plano de eliminação do Outro, que são eles mesmos. Na medida em que eliminam parte daqueles Outros, se tornam eles mesmos novos Outros: é assim que os soldados, retornados de Canudos, bem como os sobreviventes da Guerra do Paraguai, ocorrida poucas décadas antes, são alocados geograficamente num morro em torno da cidade do Rio de Janeiro, o Morro da Providência, onde constroem casas precárias – as *favelas* – designação que depois seria estendida a todas aquelas construções, substantivo retirado do idioma africano que se impregnara entre os habitantes de Canudos e que ainda hoje serve para designar não só a construção em si, como toda a sua aglomeração.

Longe de ser uma retribuição, a localização daqueles grupos sociais às margens da cidade, fora de seus territórios, representou novo processo de reforço da marginalização, na medida em que o espaço se tornou, ele próprio, excludente, socialmente falando. Mais uma vez, nenhuma oportunidade de diálogo, nenhum olhar de empatia para com o Outro, nenhum processo de comunicação. Não se admite troca de mensagens: ou aqueles indivíduos se sujeitam à rejeição e à função excludente de morador marginal, ou se tornam elemento a ser eliminado. Não é casual que um *slogan* repetido por segmentos mais radicais do pensamento conservador assim se resume: bandido bom é bandido morto, pressupondo-se que todo o sujeito marginalizado é bandido. O processo se repetiu no caso da Cidade de Deus, décadas mais tarde, reforçando o processo excludente (João Antônio, 1976).

A sociedade brasileira, assim, foi-se construindo na negação ao diálogo e, por consequência, à comunicabilidade: Lima Barreto compreendeu tristemente esta realidade e tratou de denunciá-la ao longo de toda a sua obra. Seu contemporâneo e conterrâneo João do Rio tentou compensá-la tratando de negar-se a tal condição, inclusive adotando pseudônimo diferenciador. O jornalista João Antônio, antes referido, seguidor explicito da obra de Lima Barreto, recolhendo as linguagens destes segmentos, documentou ficcionalmente suas maneiras de sobrevivência (como no admirável *Malagueta, Perus e Bacanaço*, 1975). E houve os casos mais radicais, como o de Carolina Maria de Jesus (*Quarto de despejo*, 1960), descoberta pelo jornalista Audálio Dantas, promovida a atração do *society*, branco e burguês, depois esquecida mas, felizmente, em tempos mais recentes, devidamente compreendida e valorizada.

A sociedade brasileira é, neste sentido, uma sociedade radicalmente avessa ao diálogo e à comunicação. Por isso ela é autoritária, mesmo que não nos demos conta. Nada mais exemplar, para mostrar esta realidade, do que narrativas como as de João do Rio ("Gente de *music-hall*", em *Histórias de gente alegre*, 1981) ou Joel Silveira, em textos como aqueles recolhidos em *As grandes reportagens* (Codecri, 1980).

No caso de João do Rio, a irônica história da artista de cabaré que, travestida em Verônica, *a princesa de Sabá*, quando deixa sua performance e sua toalete, volta a ser uma simples mulher negra dos morros cariocas. No caso de Joel Silveira, o contraste entre o casamento da filha do nababo da indústria da tecelagem brasileira com um jovem militar às vésperas de sua convocação para a guerra, movimentando todo o *society* paulistano, em contraste com o enlace matrimonial da costureirinha da mesma empresa, com um operário igualmente pobre: enquanto o primeiro casal vai viajar ao exterior, às vésperas da guerra, o segundo já volta, no dia seguinte, e pela madrugada, às tarefas que lhes impõe a indústria.

No encerramento deste texto, uma observação que poderia abrir outro debate: o quanto a literatura e parte do jornalismo, cada um por si ou em acordo, conseguiram denunciar e desmistificar efetivamente tais preconceitos? O quanto conseguiram os *profissionais da pena* sobrepor-se e ultrapassar esta condenação ao gueto que a sociedade brasileira impôs a estes que ela considera, preconceituosamente, como o Outro, o diferente, o marginal, o desqualificado? O quanto cada jornalista ou escritor conseguiu empurrar, um pouco mais longe, esta fronteira demarcatória e diferenciadora, que separa e marginaliza este Outro que, na verdade, é, de fato, a grande maioria e a essência verdadeira do povo brasileiro. Enfim, o quanto esta tarefa continuará sendo realizada por tais segmentos, se é que eles estão preocupados em realizá-la?

Referências

A GUERRA de Canudos. Direção: Sérgio Rezende. Rio de Janeiro, Columbia/ Trystar. 1997. Longa-metragem.

AGUIAR, Cláudio. *Caldeirão*. Rio de Janeiro: José Olympio, 1982.

ANTÔNIO, João. *Malagueta, Perus e Bacanaço*. Rio de Janeiro: Civilização Brasileira, 1975.

ANTÔNIO, João. Testemunho da Cidade de Deus. *In*: *Casa de loucos*. Rio de Janeiro: Civilização Brasileira, 1976.

ASSIS BRASIL, Luiz Antonio de. *Videiras de cristal*. Porto Alegre: Mercado Aberto, 1990.

CUNHA, Euclides da. *Diário de uma expedição*. Org. de Walnice Nogueira Galvão. São Paulo: Cia. das Letras, 2000.

CUNHA, Euclides da. *Os sertões*. Org. de edição crítica de Walnice Nogueira Galvão. São Paulo: Brasiliense/Secretaria de Estado da Cultura, 1985.

JESUS, Carolina Maria de. *Quarto de despejo*. Rio de Janeiro: O Cruzeiro, 1960.

MELO, José Marques de. *Sociologia da imprensa brasileira*. Petrópolis: Vozes, 1973.
RIBEIRO, Darcy. *O povo brasileiro*. São Paulo: Cia. das Letras, 1995.
RIBEIRO, Darcy. *O processo civilizatório*. Petrópolis: Vozes, 1968.
RIO, João do. *Histórias de gente alegre*. Org. de João Carlos Rodrigues. Rio de Janeiro: José Olympio, 1981.
SASSI, Guido Wilmar. *Geração do deserto*. Rio de Janeiro: Civilização Brasileira, 1964.
SILVEIRA, Joel. *As grandes reportagens*. Rio de Janeiro: CODECRI, 1980.
SILVEIRA, Joel. *O inverno da guerra*. Rio de Janeiro: Objetiva, 2005.

Marcelo Pereira da Silva
Pontifícia Universidade Católica de Campinas
Ana Maria Dantas de Maio
Empresa Brasileira de Pesquisa Agropecuária (Embrapa)

Será que vocês me entendem?

Resumo: Comunicadores que atuam em organizações produzem conteúdos para públicos diversos para mantê-los informados e, em alguns casos, se comunicar. Porém, uma linguagem inadequada cria barreiras sociolinguísticas que prejudicam a intercompreensão. O uso exagerado de estrangeirismos, siglas, neologismos e outros artifícios linguísticos pode inviabilizar o diálogo. Este texto avalia a inter-relação da linguagem e da incomunicação abordada por Dominique Wolton: a técnica informativa respeita a alteridade?
Palavras-chave: incomunicação, linguagem simples, comunicação organizacional.

Résumé: Les communicateurs qui travaillent dans des organisations produisent des contenus pour des publics divers afin de les tenir informés et, dans certains cas, faire passer la communication. Cependant, un langage inapproprié crée des barrières sociolinguistiques qui nuisent à l'intercompréhension. L'utilisation excessive d'anglicismes, de sigles, de néologismes et d'autres artifices linguistiques peut rendre le dialogue impossible. Cet article évalue l'interrelation entre le langage et l'incommunication abordée par Dominique Wolton: la technique informative respecte-t-elle l'altérité ?
Mots-clés: incommunication, langage simple, communication organisationnelle.

Abstract: Communicators who work in organizations produce content aimed to keep different audiences informed and to, in some cases, communicate. However, the use of inadequate language creates sociolinguistic barriers that hinder mutual comprehension. The exaggerated use of foreign words, acronyms, neologisms and other linguistic devices can make dialogue impossible. This article evaluates the interrelationship of language and incommunication addressed by Dominique Wolton: do the techniques used to inform respect otherness?

Keywords: incommunication, plain language, organizational communication.

Ao tratar da diversidade linguística, o pensador francês Dominique Wolton desafia: "O outro, seja como for, é aquele que não fala como eu, e diante de quem eu devo fazer um esforço de tolerância e de compreensão" (Wolton, 2006, p. 154). Reflexões sobre o uso de uma linguagem simples na comunicação organizacional estão no âmago deste trabalho, que propõe discutir sobre a aplicação indiscriminada de artifícios sociodiscursivos, tomando em conta que estrangeirismos, neologismos, siglas e outros mecanismos da escrita podem favorecer a criação de barreiras intransponíveis entre sujeitos.

O campo da comunicação organizacional representa um universo representativo de estudos. No Brasil, empresas e instituições acenam para seus públicos propondo diálogos e conversações que nem sempre se concretizam. O profissional de comunicação assume a responsabilidade pela gestão da imagem e da reputação corporativa, porém se deixa envolver pela rotina de produção de conteúdos e nem sempre se atenta sobre a eficiência da comunicação e os riscos da incomunicação.

Este artigo propõe uma abordagem teórica sobre a relevância da linguagem na comunicação organizacional e se fundamenta em pesquisa bibliográfica. Exemplos de linguagens complexas ilustram o texto, que visita conceitos como neologismo, estrangeirismo e incomunicação, fundamentais para gerar ponderações sobre os usos e sentidos da linguagem. Também é acolhido o conceito de Linguagem Simples, um movimento mundial que começa a se estruturar no Brasil (Martins; Silva; Cavalcanti, 2023) como forma de promover cidadania, transparência e acessibilidade.

Uma linguagem simples e universal pode potencializar a compreensão de conteúdos e a utilização indiscriminada de barreiras linguísticas favorece um possível afastamento dos públicos, desconsiderando que os indivíduos estão implacavelmente ligados ao outro no que há de mais caracteristicamente humano, a linguagem, haja vista que a alteridade é uma dimensão constitutiva do sentido e da comunicação (Fiorin, 2003).

Um ensaio teórico

A opção por um ensaio fundamentalmente teórico se deve à percepção de que conceitos como informação, comunicação e incomunicação devem ser revisitados com regularidade. "A *Teoria* como experiência humana necessita de ordenamentos e condições para ser produzida em nível científico. Ela constitui um conjunto de conhecimentos sobre a natureza e a sociedade que a humanidade acumulou ao longo da história." (Maldonado, 2011, p. 297, grifo do autor).

A pesquisa bibliográfica é o mecanismo utilizado neste artigo, visto que, com base nela o conhecimento é construído, renovado, compartilhado, validado ou contestado. A fundamentação teórica e a exploração de conceitos e pensamentos precursores se viabilizam por meio de publicações. A bibliografia nos brinda referências para que o saber avance de forma contínua.

Um aspecto crucial de todo trabalho teórico é a contextualização, para que o interlocutor compreenda o entorno da discussão: em que época, sob quais condições e de onde partem as questões e os fenômenos problematizados. Tem-se que a compreensão, fase primeira do desafio científico, ocorre com a percepção do fenômeno: o que ocorre? De que modo? Quando? Onde? Por quê? Tais questões sinalizam métodos peculiares de investigação (Simões, 2001). Essas circunstâncias são apresentadas na próxima seção.

Um ensaio teórico consiste em um estudo formal, bem desenvolvido, exposto de forma lógica e reflexiva, baseado em argumentos consistentes com alto nível de interpretação e julgamento pessoal (Severino, 2002). Maturidade científica é um requisito para se aventurar em ensaios que permitam maior liberdade para expressar e sustentar as ideias apresentadas.

> *A função da teoria na pesquisa, isto é, a teoria concebida como parte integrante do processo metodológico, é realizar efetivamente, ser o meio de ruptura epistemológico em face das pré-noções do senso comum, através de um corpo sistemático de enunciados e de sua formulação conceitual visando captar e*

> *explicar os fatos* (Lopes, 2003, p. 124, grifo da autora).

Para ilustrar o estudo, foi selecionado, intencionalmente, um *corpus* que exibe enunciados com eventuais barreiras linguísticas, elaborados por comunicadores organizacionais. O foco se restringe aos títulos de material jornalístico, elemento do texto que se usa para atrair o leitor e despertar o seu interesse na leitura. Bastaria um autoquestionamento por parte do emissor: "será que vocês me entendem?" para remodelar a mensagem, os conteúdos, os discursos e as posturas corporativas.

Comunicar para que e para quem?

Os autores deste trabalho se conheceram durante o doutoramento em comunicação na Universidade Metodista de São Paulo, em 2012. Desde então, produziram mais de uma dezena de artigos em coautoria. Vivem no Estado de São Paulo e interagem de forma virtual na maior parte do tempo. Os trabalhos publicados envolvem análise de discurso, abordagem teórico-metodológica com a qual se identificam. Este é o primeiro ensaio teórico que produzem.

Um dos autores já concluiu o pós-doutorado e atua diretamente na academia, lecionando em uma universidade privada na cidade de Campinas. A autora está vinculada a uma empresa pública de pesquisa e no momento atua na comunicação organizacional de um ministério do governo federal. Os dois se incomodam com o entendimento reificado do termo "comunicação".

Essa breve contextualização deixa os autores mais à vontade para desenvolver as suas ideias e expor os seus argumentos. O conceito de comunicação os instiga há mais de uma década, quando tiveram contato com pensamentos de Wolton, Zygmunt Bauman, Ciro Marcondes Filho e outros teóricos da sociedade e da comunicação. Para todos esses estudiosos, comunicar é um desafio que supera a mera transmissão de informações e circulação de conteúdos em diferentes mídias, veículos e redes. Essa questão será aprofundada adiante.

Comunicação organizacional, no Brasil, é uma área que emprega relações-públicas, jornalistas, designers, publicitários e outros profissionais envolvidos com a produção e disponibilização de conteúdo e com a mensuração (em geral, quantitativa) de resultados. Para Bueno (2009, p. 3-4), trata-se de "um conjunto integrado de ações, estratégias, planos, políticas e produtos planejados e desenvolvidos por uma organização para estabelecer a relação permanente e sistemática com todos os seus públicos de interesse". A prática profissional também é chamada de comunicação empresarial, assessoria de comunicação, comunicação corporativa, entre outras denominações.

Os chamados comunicadores organizacionais são os profissionais que assumem a responsabilidade pela gestão da imagem e da reputação das instituições onde atuam. Cabe a eles construir (e manter) relacionamentos com *stakeholders*, deixá-los informados sobre as ações desenvolvidas pela organização, promover a comunicação interna, organizar eventos, etc. A atividade que interessa a esse ensaio é a produção de material jornalístico direcionado à sociedade, mais conhecido como *press-releases*. Especificamente, a linguagem utilizada nesses conteúdos.

Parte-se da premissa que uma linguagem simples pode facilitar o repasse de informações, funcionando como um "convite" para que os leitores se aproximem da organização e se interessem pelo seu universo. O contrário é igualmente válido: uma linguagem recheada de termos desconhecidos pode desmagnetizar o relacionamento. Alguns exemplos de títulos a seguir ilustram a questão:

Figura 1: Tela do site da Lojas Renner[1].

Fonte: Internet, 2024.

Figura 2: Tela do site da Natura[2].

Fonte: Internet, 2024.

Figura 3: Tela do site do banco Bradesco[3].

Bradesco lança E-agro, marketplace focado em agronegócios

05 de junho de 2023 - O Bradesco anuncia o lançamento do E-agro, marketplace voltado para o setor do agronegócio com oferta de produtos e serviços financeiros e não financeiros para o produtor rural, clientes e não clientes do Banco. Desenvolvido em parceria com o inovabra -, ambiente de inovação do Bradesco -, e com a IBM, a plataforma funciona como um ecossistema completo de negócios para os diferentes segmentos do agronegócio brasileiro.

No E-agro toda a cadeia do agronegócio terá disponível soluções de crédito para produção agrícola, pecuária, empréstimo pessoal, modalidades de seguros, além de oferta de produtos como máquinas e equipamentos, ferramentas de gestão agrícola e de sustentabilidade. Também será possível contratar a Cédula de Produto Rural (CPR) digital de forma totalmente on-line. Trata-se de um serviço inédito no mercado.

O E-agro nasce com parceiros que representam algumas das principais categorias do setor de máquinas agrícolas, como Massey Ferguson, Jacto, Stara e Valtra; do setor de insumos e implementos agrícolas, como Boa Safra Sementes, DSM | Tortuga, Neogen, Nitro e Latina Seeds, Cibra, Jumil, KWS Sementes e Tecnomyl, além do setor de serviços com a Agrosmart e a Sapiens Agro. A previsão é reunir mais de 50 parceiros na plataforma até o final deste ano.

O Bradesco, com mais de R$ 100 bilhões aplicados no setor, é o maior banco privado na concessão de crédito ao agronegócio. "Para nós, o lançamento do E-agro é muito representativo. Crescemos concedendo crédito aos agricultores e temos hoje um universo potencial de mais de dois milhões de produtores rurais no Bradesco, que integram a cadeia do setor brasileiro que mais cresce", afirma Jose Ramos Rocha Neto, vice-presidente do Bradesco.

"Os agricultores terão acesso à compra de produtos das melhores marcas do mercado e financiá-los com taxas exclusivas. A demanda do produtor por compras digitais tem crescido, e o E-agro chega para atender essa tendência, de auxiliar, fomentar e promover maior rentabilidade ao produtor rural", afirma Nadege Saad, Head do E-agro.

Para atender o setor, a plataforma faz uso de inteligência artificial cognitiva e machine learning da IBM, tecnologia Miraki, além de outras metodologias disruptivas que visam proporcionar uma experiência única a clientes e parceiros. "Bradesco e IBM se unem na criação dessa plataforma inovadora, que orquestra as ofertas às necessidades do produtor rural de forma intuitiva e dinâmica, gerando oportunidades concretas para quem atua em um dos setores econômicos mais importantes do País", afirma Carlos Rivelle, IBM Consulting – Vice-Presidente America Latina.

Bradesco - Assessoria de Imprensa

imprensa@bradesco.com.br

Fonte: Internet, 2024.

Termos como pitch, trend, e-agro, marketplace e siglas como GRWM podem não ser conhecidos do público que tem acesso a esses releases. Esses exemplos foram localizados em uma busca na internet e selecionados entre vários outros. São casos que naturalmente deveriam invocar a dúvida: será que vocês me entendem? No entanto, a pergunta que melhor caberia talvez fosse: será que a organização quer se fazer entender?

Quando o outro não entende

As tecnologias e técnicas informativas podem tornar as relações mais próximas ou complicar a troca e a compreensão, contribuindo para o surgimento da incomunicação, posto que o outro simplesmente "não está ali", não se manifesta ou não entende. Para Wolton (2006), assumir a existência da incomunicação pode salvar a comunicação, ao se reconhecer as dificuldades ontológicas que derivam dela, haja vista que:

> *Pensar a incomunicação é respeitar o outro, compreender em que repousa a alteridade. Pensar a incomunicação constitui o estágio supremo da comunicação. Constituir a coabitação é refletir sobre as condições de um mínimo de inter-relação que respeite as diferenças* (Wolton, 2006, p. 147).

Apesar de se reconhecer o papel analítico, participativo e inteligente do receptor, além de sua capacidade de interpretação e atribuição de sentidos aos conteúdos, a comunicação organizacional deve estar atenta à essencialidade da comunicação em detrimento da transmissão da informação no contexto corporativo, já que a comunicação deve buscar os limites da intercompreensão (Wolton, 2022) e a linguagem é central nesse processo (Wolton, 2004).

Desta forma, tratar de alteridade, encontro e diálogo é destacar a "essência" comunicativa do ser humano e das relações sociais, segundo Peruzzolo

(2006), o que pode resultar no resgate do mundo e da cultura do ouvir (Baitello Jr., 2014). Isso implica que o outro possa aferir a qualidade da decodificação de signos e símbolos. Marcondes Filho (2018) reforça que a alteridade exige do emissor uma resposta, visto que a caracterização de texto, imagem, som, cenas, etc. pode produzir no receptor tanto interesse quanto hostilidade.

A pressuposição de que o outro compreenderá os enunciados da organização representa um risco à comunicação, expõe uma relação desigual e desconsidera as diferenças de cognição. A decisão – editorial e filosófica – de utilizar uma linguagem complexa ou inacessível é do enunciador que produz os conteúdos organizacionais. Porém, cabe ao destinatário – ativo e capaz – a escolha entre decifrar os enunciados, questionar o modelo ou ignorar a mensagem. Na sociedade atual, na qual vigora a economia da atenção e o tempo é um ativo disputado, é temeroso apostar que o interlocutor se dedicará a decifrar o significado de siglas, estrangeirismos, neologismos, termos técnicos ou outras barreiras linguísticas que se impõem no cotidiano.

Em um mundo em que os sujeitos não querem se afastar do que acreditam, pensam e defendem, a comunicação pode gerar a convivência. O conceito de incomunicação de Wolton não se constitui, necessariamente, em algo negativo, desde que os sujeitos envolvidos no processo de troca aceitem refletir sobre ele. Antes de problematizar essa noção, cabe resgatar como o autor define comunicação e relaciona essa ideia com informação:

> *Informar é produzir e distribuir mensagens o mais livremente possível. A comunicação supõe um processo de apropriação. É uma* relação *entre o emissor, a mensagem e o receptor. Comunicar, portanto, não é apenas produzir informação e distribuí-la, é também estar atento às condições em que o receptor a recebe, aceita, recusa, remodela, em função de seu horizonte cultural, político e filosófico, e como responde a ela* (Wolton, 2006, p. 16, grifo do autor).

Ele admite que no mundo contemporâneo os riscos de incomunicação são crescentes, mas reconhece que sair da comunicação e refletir sobre os entraves para que ela, de fato, ocorra, constitui "a beleza da comunicação" (Wolton, 2004, p. 482). O autor reforça, ao longo de suas obras, o desafio de promover a gestão das diferenças, e não das semelhanças. Posto isto, administrar a incomunicação, por meio da negociação de sentidos, inclui reconhecer que nem sempre as intenções por trás dos sistemas de siglas, estrangeirismos e neologismos são negativas. O universo das siglas, dos estrangeirismos e neologismos pode ser uma oportunidade para se levar em consideração as diversas alteridades.

Comunicadores organizacionais atentos ao paradigma relacional sabem que o receptor ganhou um peso inequívoco no processo de interação. O uso de uma linguagem simples, não necessariamente simplista, representa uma comunicação assertiva e inclusiva. Ou, simplesmente, comunicação.

A observação do uso indiscriminado de siglas, neologismos e estrangeirismos permite inferir que não se restringem a setores públicos ou privados, nem a determinado campo de atuação ou do conhecimento. Tampouco a utilização desses artifícios é exclusividade brasileira. O Movimento Linguagem Simples, iniciado em países de língua inglesa na década de 1970, hoje, está presente em mais de 30 países e vem ganhando espaço no Brasil (Martins; Silva; Cavalcanti, 2023).

A Associação Internacional de Linguagem Clara[4], que representa profissionais e apoiadores da linguagem clara em todo o mundo, preconiza o uso de palavras conhecidas, frases curtas e diretas (sujeito, verbo e predicado), formatação limpa (sem poluição visual), a informação principal em primeiro lugar, seguida das secundárias. Além disso, sugere acrescentar o significado quando não é possível evitar o termo técnico.

> *Importante destacar que a Linguagem Simples não é simplória, nem infantilizada. É necessário um trabalho de adaptação da informação, com a utilização de técnicas e parâmetros já estudados e estabelecidos por pesquisadores qualificados. Há um esforço envolvido, além da vontade real de informar o que deve ser informado, sem disfarces* (Martins; Silva; Cavalcanti, 2023, p. 73).

O que chama a atenção na citação acima é a "vontade real" mencionada pelos autores, convergindo para a discussão proposta neste artigo. Estariam as organizações e seus profissionais de comunicação efetivamente interessados em se fazer entender?

Linguagem que repele

As questões que se levantam aqui são capitais no âmbito da comunicação corporativa, pois a relação das organizações com seus públicos está cada vez mais complexa, impondo a necessidade de se repensar a utilização indiscriminada de siglas, estrangeirismos, termos técnicos e neologismos que pouco informam e raramente comunicam. É necessário um olhar mais sensível ao outro da comunicação.

A eficácia da comunicação nas organizações reside na admissão da coabitação como valor intrínseco para a convivência e a participação: afinal de contas, quem é o outro para quem se remete determinado conteúdo? Não seria descaso acreditar que o sujeito tem a obrigação de entender uma linguagem rebuscada? Nesse sentido, torna-se relevante considerar, em uma realidade cuja marca é "o enfraquecimento dos vínculos humanos e o definhamento da solidariedade" (Bauman, 2007, p. 30), que produtores de conteúdos levem em conta as dimensões do outro, que é quem efetiva e avaliza o ato comunicativo.

Em uma análise pontual, barreiras linguísticas como as siglas, escritas ou faladas, "quebram" o ritmo da leitura, interrompendo uma sequência harmoniosa na pronúncia (ainda que mental) da frase. Em uma avaliação mais crítica, essa interrupção pode afastar o interlocutor, já que ele terá que buscar outras fontes para poder compreender o que se quis dizer com uma representação gráfica desconhecida (se for o caso). Uma vez "desviado" do conteúdo, não há garantias de que retorne. E mesmo que não busque decifrar a sigla, neologismo e/ou estrangeirismo, poderá construir sentidos incompletos, vagos, distorcidos. Essas reflexões levam ao seguinte questionamento: qual o propósito de se optar por uma linguagem complicada?

O dilema entre dialogar com o público leigo e/ou com o público especializado persiste nas rotinas da comunicação organizacional. Se a instituição contempla o primeiro, pode entediar o segundo. Se agrada o segundo, pode repelir o primeiro. O dilema poderia ser solucionado com um princípio da comunicação organizacional: a segmentação dos públicos. Porém, as rotinas estafantes e a aceleração na produção de conteúdos têm sido usadas como justificativas para padronizar e nivelar a comunicação. De novo, há uma pressuposição de que todos vão entender.

Outra discussão que se impõe é a do analfabetismo funcional. O estudo sobre Linguagem Simples de Martins, Silva e Cavalcanti (2023) apresenta dados estatísticos de 2018: 29% da população brasileira entre 15 e 64 anos são analfabetos funcionais. Ou seja, são pessoas que aprenderam a ler e escrever, foram alfabetizadas, no entanto têm dificuldades de interpretar um texto e fazer cálculos matemáticos simples. A comunicação organizacional não pode ignorar essa realidade.

A escrita, a produção de conteúdo e a rotina de trabalho solapam, muitas vezes, as reflexões sobre a idiossincrasia da comunicação organizacional. A construção de enunciados com barreiras linguísticas se torna automática, permitindo a produção de sentidos apenas entre aqueles que compartilham o mesmo universo – ainda assim, com ressalvas. No entanto, esse processo operacional fragiliza a comunicação com o Outro.

A informação, que deveria ser plena, não se concretiza. Ficam inviabilizadas a comunicação e a possibilidade de enxertar mais vida à existência (Marcondes Filho, 2018), haja vista que depende de um receptor, de sua decisão de acolher o outro. Os comunicadores organizacionais deveriam considerar a reciprocidade, abrigando o outro e incorporando a sua alteridade (Marcondes Filho, 2013), o que minimiza, conforme Wolton (2011, p. 12), as "aporias da comunicação". Configuram-se, nessa complexidade, as ambivalências da incomunicação, as barreiras da intercompreensão e as dificuldades da negociação de sentidos.

Notas

1. https://www.lojasrennersa.com.br/imprensa-destaques/lojas-renner-s-a-apresenta-ativacoes-especiais-e-pitch-de--empreendedorismo-no-brasil-eco-fashion-week.
2. https://www.natura.com.br/blog/mais-natura/grwm.
3. https://banco.bradesco/html/bradesco-imprensa.html.
4. O nome original da instituição é Plain Language Association International.

Referências

BAITELLO JUNIOR, Norval. *A era da iconografia*: reflexões sobre a imagem, comunicação, mídia e cultura. São Paulo: Paulus, 2014.

BAUMAN, Zygmunt. *Tempos líquidos*. Rio de Janeiro: Zahar, 2007.

BUENO, Wilson da Costa. *Comunicação empresarial*: políticas e estratégias. São Paulo: Saraiva, 2009.

FIORIN, José Luiz. Polifonia textual e discursiva. *In*: BARROS, Diana Luz Pessoa; FIORIN, José Luiz (org.). *Dialogismo, polifonia, intertextualidade*: em torno de Bakhtin. São Paulo: Edusp, 2003.

LOPES, Maria Immacolata Vassallo de. *Pesquisa em comunicação*. 7. ed. São Paulo: Edições Loyola, 2003.

MALDONADO, Alberto Efendy. Pesquisa em comunicação: trilhas históricas, contextualização, pesquisa empírica e pesquisa teórica. *In*: ______. *Metodologias de pesquisa em comunicação*: olhares, trilhas e processos. 2. ed. Porto Alegre: Sulina, 2011. p. 277-303.

MARCONDES FILHO, Ciro. *Comunicologia ou mediologia?*: a fundação de um campo científico da comunicação. São Paulo: Paulus, 2018.

______. *O rosto e a máquina*: O fenômeno da comunicação visto pelos ângulos humano, medial e tecnológico. São Paulo: Paulus, 2013.

MARTINS, Heloísa Tavares; SILVA, Adriano Rosa da; CAVALCANTI, Márcia Teixeira. Linguagem simples: um movimento social por transparência, cidadania e acessibilidade. *Cadernos do Desenvolvimento Fluminense*, Rio de Janeiro, n. 25, jul./dez., 2023.

PERUZOLO, Adair Caetano. *A comunicação como encontro*. Bauru: Edusc, 2006.

SEVERINO, Antônio Joaquim. *Metodologia do trabalho científico*. 22. ed. São Paulo: Cortez, 2002.

SIMÕES, Roberto Porto. *Relações públicas e micropolítica*. São Paulo: Summus, 2001.

WOLTON, Dominique. *Pensar a comunicação*. Brasília: UnB, 2004.

______. *É preciso salvar a comunicação*. São Paulo: Paulus, 2006.

______. *Informar não é comunicar*. Porto Alegre: Sulina, 2011.

______. *Um brinde à incomunicação*. São Paulo: Paulus, 2022.

Roberto Chiachiri
Universidade Metodista de São Paulo

Incomunicação e Educação para a Paz na América Latina: o desafio de negociar diferenças em uma sociedade plural

Resumo: A teoria da incomunicação de Dominique Wolton e a Educação para a Paz compartilham um papel central na promoção de uma convivência pacífica em sociedades marcadas pela diversidade e desigualdade. Ambas reconhecem que a comunicação e o entendimento entre grupos diferentes são desafiadores, mas fundamentais, e afirmam a inevitabilidade de negociações para superar barreiras de entendimento, focando na resolução de conflitos de forma justa e não violenta, valorizando a alteridade e os direitos humanos. Na América Latina, onde a polarização política e social é intensa, essas duas abordagens são complementares e indispensáveis para construir uma sociedade mais harmoniosa.

Palavras-chave: incomunicação, Educação para a Paz, convivência pacífica, resolução de conflitos, alteridade.

Résumé: La théorie de l'Incommunication de Dominique Wolton et l'Éducation à la Paix jouent un rôle central dans la promotion d'une coexistence pacifique au sein de sociétés marquées par la diversité et l'inégalité. Toutes deux reconnaissent que la communication et la compréhension entre différents groupes sont des défis, mais essentiels, et affirment l'inévitabilité des négociations pour surmonter les barrières de compréhension, en se concentrant sur la résolution des conflits de manière juste et non violente, en valorisant l'altérité et les droits humains. En Amérique

latine, où la polarisation politique et sociale est intense, ces deux approches sont complémentaires et indispensables pour construire une société plus harmonieuse.
Mots-clés: incommunication, Éducation à la paix, cohabitation pacifique, résolution des conflits, altérité.

Abstract: Dominique Wolton's theory of incommunication and Education for Peace share a central role in promoting peaceful coexistence in societies marked by diversity and inequality. Both recognize that communication and understanding between different groups are challenging but essential, and assert the inevitability of negotiations to overcome barriers to understanding, both focus on conflict resolution in a fair and non-violent way, valuing otherness and human rights. In Latin America, where political and social polarization is intense, these two approaches are complementary and indispensable for building a more harmonious society.
Keywords: incommunication, Education for Peace, peaceful coexistence, conflict resolution, otherness.

> *Não há comunicação sem incomunicação, sem dificuldades para se fazer entender, para ouvir o outro, ou simplesmente para compartilhar algo. A incomunicação? Uma realidade massiva do século XXI, no coração de nossas experiências mais privadas, assim como das sociedades ou da globalização. Introduzir essa terceira lógica teórica entre sucesso e fracasso é, portanto, indispensável para afastar os riscos da acomunicação. A incomunicação? Um conceito essencial da comunicação política de hoje, ainda pouco conhecido* (Wolton, 2024 - Trad. nossa).

A citação de Dominique Wolton, extraída do seu mais recente livro: *Penser l'incommunication* (2024), captura de maneira concisa a essência de sua teoria, que vem desenvolvendo ao longo dos anos. Wolton distingue três níveis na comunicação: a Comunicação em seu sentido mais estrito, a incomunicação, e a acomunicação. O que busca elucidar em sua teoria, de forma relevante, é que, apesar dos desafios e limitações, a comunicação é fundamentalmente marcada pela alteridade e pela liberdade. A alteridade, um conceito capital nas ciências humanas e sociais, refere-se ao reconhecimento e à valorização das diferenças e da diversidade. Ela envolve a maneira como indivíduos e grupos reconhecem, interagem e se relacionam com aqueles que são distintos em termos de cultura, etnia, gênero, orientação sexual, religião, entre outros aspectos. O verdadeiro reconhecimento do outro transcende a mera percepção das diferenças; é um ato de reconhecer a existência e a legitimidade do outro como um ser autônomo e distinto, valorizando e respeitando essa singularidade. Nas relações interpessoais, a alteridade se revela na abertura ao diálogo e na disposição para compreender as perspectivas e experiências do outro, onde a prática da empatia e do respeito mútuo é indispensável. A incompreensão e o medo do que é diferente frequentemente dão origem a discriminação e conflitos. Nesses três níveis que, segundo Wolton, compõem o processo de comunicação, aquele que, talvez, seja mais incisivo e ganha mais espaço em seus estudos é o da incomunicação. Este conceito baseia-se na compreensão de que todos possuímos diferenças ideológicas, culturais, linguísticas, entre outras, e que essas disparidades podem gerar diálogos variados, nos quais muitas vezes há falta de compreensão mútua, divergências e desacordos. Ainda assim, o que prevalece é a capacidade de negociar. Para Wolton, comunicar-se é, essencialmente, um ato de negociação. Destaca ainda que a incomunicação é uma realidade presente tanto nas esferas mais íntimas quanto nas interações sociais e no cenário global. Insiste que a incomunicação deve ser reconhecida como uma parte intrínseca do processo comunicativo, não podendo ser ignorada ou subestimada. Compreender a incomunicação é fator crucial para evitar a acomunicação, que representaria uma falência total da comunicação, resultando em conflitos, os mais indesejáveis, como, por exemplo, a guerra. Dessa forma, o conceito de incomunicação sublinha a importância de aceitar as dificuldades inerentes ao processo comunicativo, ao mesmo tempo que se busca superá-las para alcançar um entendimento genuíno e uma convivência pacífica entre as diferenças. O mundo vem experimentando um flagrante processo de polarização. Não é diferente no Brasil e em toda América Latina. As polarizações, as diferenças, são essencialmente ideológicas, mais fortemente notadas no campo político, também sentidas com muita evidência no campo religioso, além das intolerâncias de gênero, raça e da abissal discrepância social.

No contexto político, no Brasil por exemplo, essa divisão se consolidou e tornou-se flagrante especialmente a partir das eleições presidenciais de 2018, com a emergência de discursos e práticas políticas polarizadoras. De um lado, há grupos que se alinham com uma visão frequentemente associada pela adoção de posições conservadoras ou reacionárias, nacionalistas e, em certas ocasiões, populistas, mesmo quando clamam por democracia. Do outro, encontram-se aqueles que defendem pautas progressistas, focadas em direitos humanos, justiça social e diversidade. Essa polarização tem implicações significativas para o tecido social latino-americano. Em muitos casos, ela resulta em uma comunicação truncada entre os diferentes grupos, em que o diálogo e o entendimento são substituídos por ataques, desinformação e a radicalização dos discursos. As redes sociais digitais, em particular, muitas vezes têm amplificado essa polarização, criando comunidades homogêneas em que as pessoas se cercam de opiniões semelhantes às suas, reforçando preconceitos e diminuindo a disposição para o debate aberto e construtivo. Além do impacto no convívio social, a polarização também tem consequências diretas na formulação e implementação de políticas públicas. A dificuldade de alcançar consensos mínimos pode impedir o avanço de reformas necessárias.

Talvez Wolton (2022) esteja certo ao afirmar que "o mais importante é reconhecer o papel decisivo da incomunicação na política e a possibilidade de convivência pacífica, mesmo sem que haja necessariamente concordância" (p. 9). A incomunicação não pressupõe concordar constantemente com o outro, mas pressupõe, sim, o diálogo, a negociação, para tentar evitar que sociedades vivam em eternos conflitos sem soluções rumo à acomunicação. Para nos aproximarmos dessa "utopia" de convivência harmônica é necessário promover, de forma contínua e persistente, uma cultura de paz. No entanto, essa cultura pode ser efetivamente construída por meio da Educação para a Paz, que é um processo fundamental para estabelecer as bases de uma sociedade pacífica. No entanto, essa tarefa exige um esforço conjunto de educadores, formuladores de políticas e comunidades, a fim de enfrentar os desafios de maneira coordenada e garantir que os princípios da Educação para a Paz sejam, de certa forma, implementados. A Educação para a Paz é um campo multidisciplinar que busca capacitar indivíduos a resolver conflitos de maneira pacífica, promovendo o respeito pelos direitos humanos, a justiça social e a coexistência pacífica entre diferentes grupos e culturas. Não é por acaso que, em sua obra, conferências e entrevistas, Dominique Wolton enfatiza que o caminho para uma convivência menos conflituosa passa pela valorização da cultura e pelo respeito à alteridade.

De acordo com Harris (2004), a Educação para a Paz se concentra no desenvolvimento de atitudes, habilidades e conhecimentos que permitem aos indivíduos agir de forma a promover a paz em suas comunidades e no mundo. Essa abordagem vai além da simples ausência de guerra (paz negativa), buscando construir uma paz positiva, em que as condições para o florescimento humano são promovidas ativamente. Johan Galtung, um dos principais teóricos da paz, distingue "paz negativa" e "paz positiva". A paz negativa refere-se à ausência de violência ou guerra, enquanto a paz positiva engloba a presença de justiça social, equidade, direitos humanos e bem-estar coletivo (Galtung, 1969).

A América Latina, como um todo, carece desse tipo de paz. A Educação para a Paz, nesse contexto, busca promover a construção de uma convivência mais justa enfatizando a transformação das estruturas sociais que perpetuam desigualdades e violências, como o racismo, a pobreza e a exclusão social. Segundo Reardon (1988), a Educação para a Paz se fundamenta em três princípios essenciais. O primeiro é a não violência, que visa ensinar e promover métodos pacíficos para a resolução de conflitos. O segundo princípio é a justiça social, com foco na equidade e na erradicação de todas as formas de discriminação e injustiça. Por fim, o terceiro princípio é a sustentabilidade, que busca promover um relacionamento harmonioso entre os seres humanos e o meio ambiente.

No contexto latino-americano, a Educação para a Paz tem uma relação profunda com a educação em direitos humanos, dado o histórico de desigualdades, violações de direitos e injustiças sociais presentes na região. Tal como em outras regiões do mundo, a paz na América Latina só será alcançada quando os direitos fundamentais forem completamente respeitados e protegidos. As constantes lutas contra a pobreza, o racismo e a exclusão social são desafios que muitos países da região ainda enfrentam. A Declaração Universal dos Direitos Humanos (1948) afirma que todos nascem livres e iguais em dignidade e direitos. Contudo, na América Latina, a realidade de muitos indivíduos, especialmente os marginalizados, reflete uma grande distância desse princípio. Violências estruturais, discriminações sistêmicas e a falta de acesso a direitos básicos como educação, saúde e segurança estão presentes em muitos países latino-americanos, o que dificulta a construção de uma paz verdadeira. Ao integrar a educação em direitos humanos, a Educação para a Paz na América Latina atua como um instrumento essencial para conscientizar e capacitar as populações locais a lutar por seus direitos. Segundo Wolton, a comunicação é inevitavelmente marcada pela alteridade e, portanto, pelas dificuldades de entendimento entre os interlocutores. A incomunicação – um conceito central na sua teoria – não deve ser vista como um obstáculo à comunicação, mas como um elemento intrínseco e inevitável do processo comunicativo. Para Wolton, essa incompreensão não precisa ser superada para que haja convivência, mas precisa ser aceita e trabalhada por meio da negociação. A incomunicação surge como a realidade de que, em uma sociedade plural, as diferenças culturais, ideológicas e de valores inevitavelmente criam diálogos tensos e, muitas vezes, fragmentados. Isso se aplica a todas as esferas da vida, da política à vida social.

Na América Latina, essa teoria é especialmente relevante. A região é marcada por grandes disparidades sociais, desigualdade econômica, além de diferenças culturais e étnicas entre suas populações. Desde a colonização até o presente, os conflitos evidenciam a dificuldade de uma comunicação plena entre os diferentes grupos. As recentes polarizações políticas, como exemplificado no Brasil, mostram que muitas vezes os grupos opostos nem sequer se esforçam para entender as posições uns dos outros. Contudo, para Wolton, o objetivo não é a busca de um consenso universal, mas sim a capacidade de conviver e negociar, mesmo sem concordância plena.

No mesmo sentido, a Educação para a Paz visa construir uma convivência pacífica através da capacitação dos indivíduos para resolverem conflitos de maneira pacífica, com base na justiça social, nos direitos humanos e no respeito à diversidade. No contexto latino-americano, essa abordagem é crucial. A América Latina carece da "paz positiva", definida por Johan Galtung, na qual a justiça social e os direitos humanos são respeitados e promovidos. O ponto de interseção entre a teoria da incomunicação e a Educação para a Paz está na forma como ambas abordam o conflito. Enquanto Wolton propõe a incomunicação como inevitável, a Educação para a Paz busca uma forma de superar essas dificuldades através de uma transformação social que envolva o diálogo, a empatia e a justiça. No entanto, a Educação para a Paz não ignora que o processo de convivência entre diferentes grupos é, muitas vezes, marcado pela incompreensão e pelo choque de perspectivas. A educação, então, tem o papel de preparar os indivíduos para reconhecer a alteridade, negociar as diferenças e promover uma cultura de paz.

Se, por um lado, a incomunicação é vista como inevitável, por outro, a Educação para a Paz visa construir as habilidades para que, em vez de aprofundar as divisões, os indivíduos possam negociar suas diferenças. Nesse sentido, a teoria de Wolton destaca que a ausência de concordância não é sinônimo de fracasso. A aceitação da incomunicação como parte do processo é um passo importante para garantir que os diferentes grupos possam coexistir pacificamente, mesmo que suas perspectivas e valores não se alinhem perfeitamente. Em termos educativos, isso significa que os processos de ensino devem integrar essa ideia de que o conflito e o desacordo são normais, e que a negociação e o respeito às diferenças podem criar um terreno fértil para a convivência.

Assim como a incomunicação nos ensina que a negociação é central para a comunicação, a Educação para a Paz nos ensina que o diálogo transformador é a chave para criar uma sociedade mais justa e pacífica. A aceitação das diferenças não deve ser passiva; é preciso engajamento ativo, mediação e a busca pela justiça social.

Na prática, a teoria da incomunicação e a Educação para a Paz convergem em um ponto crucial: ambas defendem que a convivência pacífica em uma sociedade plural exige mais do que simples tolerância. É preciso reconhecimento das diferenças, negociação constante e um esforço ativo para evitar a ruptura total da comunicação – o que Wolton chamaria de acomunicação.

No contexto latino-americano, isso significa que as escolas, as políticas públicas e as organizações sociais devem trabalhar para capacitar as pessoas não apenas a tolerar o outro, mas a compreender que o diálogo – por mais difícil que seja – é o caminho para evitar conflitos ainda maiores. A polarização política, religiosa e social, que tem se intensificado em países como o Brasil, não pode ser resolvida apenas com o apelo ao consenso, mas pela educação que promove a negociação pacífica das diferenças, tal como Wolton propõe em sua abordagem da incomunicação.

Considerações finais

A Educação para a Paz, juntamente com a teoria da incomunicação de Wolton, propõe uma convivência em sociedades diversas e desiguais. A paz, nesse contexto, não é a ausência de conflitos, mas a habilidade de enfrentá-los de forma justa e pacífica. O desafio da América Latina é promover uma educação que reconheça a inevitabilidade da incomunicação e capacite as pessoas a resolver conflitos de maneira não violenta.

Reconhecer a existência das diferenças e aceitar que a concordância nem sempre será possível é o primeiro passo. Wolton nos lembra que comunicar é negociar, e a América Latina, com sua história complexa e repleta de contradições, oferece um terreno fértil para o exercício desses conceitos.

Referências

GALTUNG, J. Violence, peace, and peace research. *Journal of Peace Research*, 6(3), p. 167-191, 1969.

HARRIS, I. Peace education theory. *Journal of Peace Education*, 1(1), p. 5-20, 2004.

ONU. Sustainable Development Goal 16. United Nations, 2018.

REARDON, B. *Comprehensive peace education*: educating for global responsibility. Teachers College Press, 1988.

UNESCO. Global citizenship education: topics and learning objectives. UNESCO, 2015.

WOLTON, Dominique. *Pensar a incomunicação*. Porto Alegre: Sulina, 2024.

WOLTON, Dominique. *Comunicar é negociar*. Porto Alegre: Sulina, 2023.

WOLTON, Dominique. *Um brinde à incomunicação*: reflexões a partir da Europa. Trad. Roberto Chiachiri. São Paulo: Paulus, 2022.

WOLTON, Dominique. Rev. *Hermès*: séléction de textes théoriques: 2004-2020 - communication, incommunication, acommunication. Paris: CNRS.

André Lemos
Lucia Santaella
Alexander Goulart
Rosângela Florczak de Oliveira
Sérgio Amadeu da Silveira

Parte II (Tecnologias)

André Lemos
Universidade Federal da Bahia

A comunicação precária[1]

Resumo: O artigo trata da precariedade da comunicação digital a partir da discussão sobre erros, falhas e perturbações em três pilares centrais da cibercultura contemporânea: a inteligência artificial, as plataformas digitais e as infraestruturas de comunicação. A hipótese é que a precariedade da comunicação, longe de ser apenas um fator disruptivo, nos permite entender os dilemas políticos e sociais, abrindo perspectivas epistemológicas e metodológicas importantes. Investigar o mau funcionamento da cultura digital é uma forma de abordar a "incomunicabilidade", de questionar discursos que apontam sempre para as performances exemplares dos sistemas técnicos.

Palavras-chave: erros, cultura digital, comunicação precária, plataformas digitais, inteligência artificial, infraestrutura digital.

Résumé: Ce texte traite de la précarité de la communication numérique à partir de la discussion sur les erreurs, les défaillances et les perturbations dans les trois piliers de la cyberculture contemporaine : l'intelligence artificielle, les plates-formes numériques et les infrastructures de communication. L'hypothése ici est que la précarisatiin de la communication, loin d'être à peine un facteur de ruptura, nous permet de comprendre les dilemmes politiques et sociaux, ouvrant des perspectives épistémologiques et

méthodologiques importantes. Enquêter sur le mauvais fonctionnement de la culture numérique est une forme d'aborder une « incomunicabilité », en questionnant les discours qui ont toujours lieu en tant que performances exemplaires des systèmes techniques.
Mots-clés: erreurs, culture numérique, communication précaire, plateformes numériques, intelligence artificielle.

Abstract: This article addresses the precariousness of digital communication by discussing errors, failures and disturbances based on three central pillars of contemporary cyberculture: artificial intelligence, digital platforms, and material communication infrastructures. The hypothesis is that the precariousness of communication, far from being just a disruptive factor, allows us to understand political and social dilemmas, opening critical epistemological and methodological perspectives. Investigating the malfunctions of digital culture is a way of addressing "incommunicability" and questioning those commonplace discourses that always point out the exemplary nature of the technical systems' performance capacities.
Keywords: errors, digital culture, precarious communication, digital platforms, artificial intelligence, digital infrastructure.

Comunicação precária

A comunicação humana é mediada, incompleta, errática, fadada ao fracasso. É uma condição da qual não podemos nos livrar, tendo pouca estabilidade, sendo incerta e precária. Wolton discute a "incomunicabilidade", insistindo na dimensão política (Lepastier, 2013; Wolton, 2020). O escritor Samuel Beckett, tendo na degradação e na incomunicabilidade a espinha dorsal de sua obra, cedia à inevitabilidade do fracasso: "*Ever tried. Ever failed. No matter. Try again. Fail again. Fail better*". É muito difícil que uma mensagem atinja os receptores, que os receptores e o emissário consigam "entrar na orquestra" e chegar a acordos sobre o que está em disputa. É improvável que um sistema técnico consiga passar mensagens sem degradação. A precariedade é intrínseca a todo e qualquer processo comunicacional.

Por comunicação precária entendo mediações sociotécnicas que esbarram em problemas espaço-temporais, materializando-se em erros lógicos ou de design; na incapacidade de compreensão do outro, em falhas causadas por eventos externos, por problemas infraestruturais, ou por perturbações diversas (ético-morais, de hábitos e crenças), mesmo quando tudo parece funcionar corretamente. A incomunicabilidade não é a ausência da comunicação, mas sua condição precária, sem a qual ela não existiria.

O sociólogo austríaco Nicolas Luhmann (2006) propôs entender a comunicação como improvável, isto é, como uma ação que parece acontecer o tempo todo, mas que só se realiza em condições específicas e especiais. Ele apontava para dificuldades de compartilhamento de ideias, tanto pelo caráter intersubjetivo sempre complexo como pela estrutura técnica de disseminação da mensagem. No entanto, podemos pensar, como propõe W. Nöth (2023), que a comunicação, ao contrário, é provável por acontecer o tempo todo, embora seja falha e imperfeita: "*Como pode haver desentendimento sem comunicação e sem interpretação dos signos que transmitem o valor em jogo?*" (2023, p. 16).

Estar atento ao precário da comunicação não é excluí-lo para achar uma condição perfeita, mas antes uma postura epistemológica necessária para entender os objetos e processos comunicacionais que se constituem na incomunicabilidade. Podemos ver pistas do que aponto aqui nas diversas teorias da comunicação. Interessante notar, em primeiro lugar, o próprio caráter errático do campo, composto não por uma teoria unificada (como buscam aqueles que tentar extirpar a sua "parte maldita"), mas por influência de outras áreas (antropologia, sociologia, história, psicologia...).

No que se refere às teorias, para citar alguns, podemos dizer que a cibernética e a teoria matemática da informação de Wiener, Shanon e Weaver, cada um a sua maneira, chama a atenção para a dimensão constitutiva do erro, descrevendo a entropia e o ruído como inerentes às trocas de mensagens. Os teóricos empiristas do novo mundo buscavam driblar a precariedade, apontando para processos "funcionalistas" que integrassem a sociedade. A teoria crítica frankfurtiana, por sua vez, denuncia as perturbações causadas pela padronização dos gostos e costumes engendrados por uma racionalidade instrumental e industrial da cultura. Os estudos culturais indicam formas de agir nos interstícios, nas brechas, pela apropriação de códigos e artefatos midiáticos. A "teoria da mídia" alemã aponta para as materialidades dos processos comunicacionais e dimensões erráticas e desviantes inerentes ao fenômeno comunicacional. A escola de Toronto, para os problemas das infraestruturas e das mediações na constituição do homem e da sociedade. Os estudos iniciais da cibercultura destacavam a dimensão perturbadora dos *glitchs*, *hackings* e outras dimensões erráticas no ciberespaço.

Erros, falhas e perturbações na cultura digital

Hoje, retomando essa herança, a incomunicabilidade da comunicação se realiza na precariedade da cultura digital a partir do que vou definir como erros, falhas e perturbações, cujas expressões aparecem nas alucinações da inteligência artificial (IA), nas falhas das infraestruturas, nos *malware, ransoware* e outros ciberataques, na dinâmica da desinformação, nos vieses de sistemas algorítmicos das redes sociais, na precariedade de trabalho por plataformas digitais, entre outros. Mais do que nunca, entender a precariedade da comunicação transforma-se em uma questão epistemológica e ético-política (Amoore, 2020).

Para a computação, "*error*", "*fault*" e "*failure*" remetem a problemas lógicos, a defeitos inerentes aos sistemas (Jalote, 1994). Proponho outros sentidos a esses termos. Defino erro englobando o que Jalote aponta como "*error, failure and fault*", indicando, portanto, uma dimensão interna, lógica dos dispositivos (Lemos, 2024a). Por "falhas" entendo problemas gerados por eventos externos (pane elétrica, acidentes, escassez de matéria-prima...) (Bennett, 2005). Já as perturbações são anomalias (Parikka e Sampson, 2009) que tensionam questões éticas, morais e políticas de acordo com o contexto histórico, sendo ocasionadas pelo uso tecnicamente "normal" dos dispositivos, causando vieses de gênero ou "raça", problema ambiental, precarização do trabalho; controle e vigilância; desinformação (Eubanks, 2017; Lemos, 2024a, 2024b; Noble, 2018; van Dijck *et al.*, 2018; Zuboff, 2019).

Embora a comunicação digital seja precária, a tendência é a sua negação, encontrando sua confirmação no mantra das *startups* da Silicon Valley (adaptado de Beckett): "*Fail often, fail fast, fail early*". O erro não é apenas sublimado, como também se transforma em discurso para a inovação e em modelo de negócios, pela obsolescência programada e domesticação dos usuários. Dispositivos, programas, plataformas, sistemas de IA estão em "estado beta-permanente" (Ferrari e Graham, 2021, p. 209), havendo uma "fantasia do *opting-out*" (Appadurai e Alexander, 2020, p. 68). Portanto, a precariedade da comunicação revela o que se esconde na performatividade, descortinando arranjos sociotécnicos e suas dimensões ético-políticas (Amoore, 2020; Korolkova e Bowes, 2020).

Abordo rapidamente a comunicação precária em três áreas cruciais para o entendimento da cultura digital (IA, plataformas e infraestrutura).

Inteligência Artificial

A precariedade da IA assusta. A discussão sobre sistemas de IA generativos, como o ChatGPT, está sendo feita a partir dos erros ("alucinação") (Lemos, 2024c), bem como de suas falhas e perturbações (Hermann, 2021; Jarrahi *et al.*, 2022; Papacharissi, 2018; Roumani *et al.*, 2020; Santos, 2023; Tang e Cooper, 2023). A IA alucina por erros gerados por problemas com os dados de treinamento, as configurações de parâmetros do modelo, ou com a estrutura do modelo em si. Além do erro, a IA está sujeita a falhas, afetada por fenômenos externos (acidentes, recursos, estrutura organizacional, vieses culturais) e perturbações, como a ameaça de desemprego, de desestruturação de áreas como a educação, o comércio, a indústria e mesmo por colocar a humanidade em risco, como dizem alguns[2]. Para combater esses problemas, leis para regulação da IA estão sendo propostas em alguns países, inclusive o Brasil[3].

Para Bridges (2021), a correção dos erros pode ser vista como um reforço da dependência a esses sistemas. Por exemplo, corrigir vieses de raça e gênero em câmeras de vigilância com reconhecimento facial por IA pode levar a uma maior adoção desses dispositivos. O mais interessante seria questionar a própria existência desses dispositivos no espaço público, e não apenas quando erram. Aradau e Banke (2021) afirmam que as imperfeições (erros e falhas) da IA são corrigidas para garantir um funcionamento ainda mais performante da vigilância algorítmica. Como contraposição, os autores indicam formas de produzir o que chamam de "fissuras no poder algorítmico", estratégias e perturbações que criam momentos em que os algoritmos não governam como pretendido (Ferrari e Graham, 2021). Seja como for, uma epistemologia da comunicação precária deve revelar dimensões éticas, morais, políticas e comunicacionais importantes nesse campo.

Plataformas digitais

As plataformas individuais e os seus ecossistemas constituem a base econômica da atual sociedade, inserida em um capitalismo de vigilância ou de dados (Curran, 2023; Srnicek e De Sutter, 2016; Zuboff, 2019). O desafio imposto pela plataformização (Gillespie, 2010; Poell *et al.*, 2020; van Dijck *et al.*, 2018) vincula-se aos processos de datafïcação e de performatividade algorítmica, produzindo um movimento de inflexão nas promessas libertárias e emancipadoras da cibercultura nos anos 1990 (Lemos, 2002, 2020a). Plataformas digitais funcionam pelo monitoramento e controle das ações humanas em diversos domínios com fins de monetização. Esse novo regime sociotécnico pressupõe uma ampla coleta de dados pessoais (Thylstrup *et al.*, 2019; Couldry e Yu, 2018; Dourish e Gómez Cruz, 2018; Lemos, 2021).

A precariedade da sociedade de plataformas vincula-se à epidemia da desinformação ("infodemia"), ao negacionismo científico, à polarização política, aos vieses algorítmicos de raça e gênero, ao colonialismo e à ameaça à soberania nacional. Essa dimensão precária está presente ao redor do planeta, mas torna-se ainda mais aguda em países do Sul Global, particularmente em questões que tocam a soberania (digital) e um novo colonialismo (de dados) (Couldry e Mejias, 2019, 2021). A *cloud* é dominada pelos países do Norte, principalmente os EUA, sendo os países do Sul, fornecedores de dados. O novo colonialismo enfraquece a soberania, visto que ele replica a lógica colonial (sobre pessoas, instituições, regiões ou países) de expropriação, agora de dados, para fins de controle econômico, político e/ou industrial. Os dados não são apenas extraídos, eles são produzidos de forma a funcionar em sistemas técnicos globais. É fundamental entender esse tecnopoder de formatação do dado ("infopoder") (Koopman, 2020; Lemos, 2022), bem como pensar soluções técnicas e jurídicas (regulamentação) para minimizar os seus efeitos nefastos.

Infraestrutura digital

A sociedade contemporânea das plataformas e da IA é dependente da dinâmica de redes híbridas sustentadas pelas infraestruturas que compõem a cultura digital: centro de processamento de dados e telecomunicações por satélites, cabos terrestres e submarinos, fornecimento e uso de materiais e semicondutores, comércio, reparo e manutenção, além de toda a malha urbana que conecta cada cidadão à internet (Brodie e Velkova, 2021; Gekker e Hind, 2020; Plantin *et al.*, 2018; Plantin e Punathambekar, 2019; Velkova, 2018, 2021, 2023). Há dimensões precárias, locais e geopolíticas, importantes, tais como erros de projeto, vulnerabilidade da segurança da informação, impactos do consumo energético e material para armazenagem, processamento e distribuição de dados, tensões comerciais e geopolíticas na produção e comércio de semicondutores[4], bem como efeitos perturbadores como a implementação ou deslocamento de *data centers*, de cabos terrestres ou submarino[5], de antenas ou outros equipamentos. A nuvem (*cloud*) tem uma dimensão material, uma espacialidade dos dados que em sua dimensão precária revela questões políticas, ambientais e territoriais profundas.

Comunicação precária e epistemologia da incomunicação

O que apontamos nos tópicos anteriores deve ser visto como problemas próprios do campo da comunicação, embora muitos assim não os reconheçam. As "viradas" (não humana e nos estudos de infraestrutura) nas ciências humanas revelam fissuras nos discursos antropocêntricos presentes nos estudos da comunicação (Barad, 2007; Bennett, 2010; Bonneuil, 2015; Braidotti, 2013; Bryant *et al.*, 2011; Coole e Frost, 2010; Fox e Alldred, 2017; Grusin, 2015; Harman, 2011; Latour, 1996; Lemos, 2020b, 2020c; Lemos e Bitencourt, 2021; Parikka, 2015; St. Pierre *et al.*, 2016). Propomos que a incomunicabilidade da comunicação é parte de sua dimensão precária. Na atual cultura digital ela deve ser analisada entendendo a comunicação como processo vinculado diretamente ao problema das materialidades, como uma comunicação "associal"[6]. Reconhecer a comunicação precária é poder enfrentar, sem simplificações grosseiras, problemas materiais-discursivos presentes nos usos e nas dimensões contextuais, ideológicas, ambientais e políticas.

Notas

1. Este artigo faz parte da pesquisa CNPq - PQ - Processo: 306100/2023-1.
2. Ver carta de intelectuais pedindo moratória da IA em https://www1.folha.uol.com.br/tec/2023/03/carta-de-musk-e-cientistas-sobre-pausa-na-ia-gera-debate.shtml.
3. Ver a nova regulação europeia para a IA e o desenvolvimento do debate no Brasil aqui: https://www.europarl.europa.eu/pdfs/news/expert/2023/6/story/20230601STO93804/20230601STO93804_pt.pdf e aqui https://www.conjur.com.br/2023-dez-14/regulamentacao-de-inteligencia-artificial-e-seu-destino-em-2024.
4. Por exemplo, a crise mundial dos semicondutores pode afetar a democracia no Brasil. Ver https://brazilian.report/power/2023/06/09/semiconductor-crisis-democracy-election/.
5. A guerra na Ucrânia pode romper cabos submarinos que colocariam a conectividade mundial em xeque, paralisando indústria, comércio, telecomunicações, serviços em escala planetária. Apenas 200 cabos submarinos interligam toda a internet mundial. Ver https://www.estadao.com.br/internacional/como-sera-o-dia-em-que-putin-desligar-os-cabos-da-internet-mundial-leia-a-coluna-de-moises-naim/. Tensão entre uma usina de dessalinização da água e data centers no Ceará aponta para os impactos das infraestruturas e seus atravessamentos. Ver https://www.cgi.br/esclarecimento/nota-publica-do-cgi-br-sobre-po-

tenciais-impactos-da-usina-de-dessalinizacao-da-praia--do-futuro-fortaleza-ce-para-a-internet-no-brasil/.

6. Assim como Latour faz uma crítica da sociologia do social indicando uma sociologia "associal", proponho o mesmo para a comunicação sugerindo uma comunicação "associal". Ver Lemos, 2020c.

Referências bibliográficas

AMOORE, L. *Cloud ethics*: algorithms and the attributes of ourselves and others. Duke University Press, 2020.

APPADURAI, A.; ALEXANDER, N. *Failure*. Polity, 2020.

ARADAU, C.; BLANKE, T. Algorithmic surveillance and the political life of error. *Journal for the History of Knowledge*, 2(1), p. 1-13, 2021. https://doi.org/10.5334/jhk.42.

BARAD, K. *Meeting the universe halfway*: quantum physics and the entanglement of matter and meaning. Duke University Press, 2007.

BENNETT, J. The agency of assemblages and the north american blackout. *Public Culture*, 17(3), p. 445-465, 2005.

BENNETT, J. *Vibrant matter*: a political ecology of things. Duke University Press, 2010.

BONNEUIL, C. The geological turn. *In*: C. Hamilton; C. Bonneuil; F. Gemenne (org.), *The Anthropocene and the Global Environmental Crisis* (1. ed, p. 17-31), 2015. Routledge. https://doi.org/10.4324/9781315743424-2.

BRAIDOTTI, R. *The posthuman*. Polity Press, 2013.

BRIDGES, L. E. Digital failure: unbecoming the "good" data subject through entropic, fugitive, and queer data. *Big Data & Society*, 8(1), 2021. https://doi.org/10.1177/2053951720977882.

BRODIE, P.; VELKOVA, J. Cloud ruins: Ericsson's Vaudreuil-Dorion data centre and infrastructural abandonment. *Information, Communication & Society*, 24(6), p. 869-885, 2021. https://doi.org/10.1080/1369118X.2021.1909099.

BRYANT, L.; SRNICEK, N.; HARMAN, G. (org.). *The speculative turn*: continental materialism and realism. re.press, 2011.

COULDRY, N.; MEJIAS, U. A. Data colonialism: rethinking big data's relation to the contemporary subject. *Television & New Media*, 20(4), p. 336-349, 2019. https://doi.org/10.1177/1527476418796632.

__________. The decolonial turn in data and technology research: what is at stake and where is it heading? *Information, Communication & Socie-*

ty, p. 1-17, 2021. https://doi.org/10.1080/1369118X.2021.1986102.

COULDRY, N.; Yu, J. Deconstructing datafication's brave new world. *New Media & Society*, 20(12), p. 4473-4491, 2018. https://doi.org/10.1177/1461444818775968.

CURRAN, D. Surveillance capitalism and systemic digital risk: the imperative to collect and connect and the risks of interconnectedness. *Big Data & Society*, 10(1), 2023. https://doi.org/10.1177/20539517231177621.

DOURISH, P.; Gómez Cruz, E. Datafication and data fiction: narrating data and narrating with data. *Big Data & Society*, 5(2), 2018. https://doi.org/10.1177/2053951718784083.

EUBANKS, V. *Automating inequality*: how high-tech tools profile, police, and punish the poor (First Edition). St. Martin's Press, 2017.

FERRARI, F.; GRAHAM, M. *Fissuras no poder algorítmico*: plataformas, códigos e contestação[*]. 23, 13, 2021.

GEKKER, A.; HIND, S. Infrastructural surveillance. *New Media & Society*, 22(8), p. 1414-1436, 2020. https://doi.org/10.1177/1461444819879426.

GILLESPIE, T. The politics of 'platforms'. *New Media & Society*, 12(3), p. 347-364, 2010. https://doi.org/10.1177/1461444809342738.

GRUSIN, R. A. (org.). *The nonhuman turn*. University of Minnesota Press, 2015.

HARMAN, G. *The Quadruple Object*. Zero Books, 2011.

HERMANN, E. Artificial intelligence and mass personalization of communication content: an ethical and literacy perspective. *New Media & Society*, 2021. https://doi.org/10.1177/14614448211022702.

JALOTE, P. *Fault tolerance in distributed systems*. Prentice-Hall, 1994.

JARRAHI, M. H.; LUTZ, C.; NEWLANDS, G. Artificial intelligence, human intelligence and hybrid intelligence based on mutual augmentation. *Big Data & Society*, 9(2), 2022. https://doi.org/10.1177/20539517221142824.

KOROLKOVA, M.; BOWES, S. Mistake as method: towards an epistemology of errors in creative practice and research. *European Journal of Media Studies*, 9(2), p. 139-157, 2020.

LATOUR, B. On interobjectivity. *Mind, Culture, and Activity*, 3(4), p. 228-245, 1996. https://doi.org/10.1207/s15327884mca0304_2.

LEMOS, A. *Cibercultura*: tecnologia e vida social na cultura contemporânea. Porto Alegre: Sulina, 2002.

__________. Plataformas, dataficação e performatividade algorítmica (PDPA): desafios atuais da cibercultura. *In:* PRATA, Nair; PESSOA, Sonia C. (org.). *Fluxos comunicacionais e crise da democracia*. São Paulo: Intercom, p. 117-126, 2020a.

_________. Epistemologia da comunicação, neomaterialismo e cultura digital. *In*: *Galáxia* (São Paulo), n. 43, 2020b. https://doi.org/10.1590/1982-25532020143970.

_________. Comunicação, mediação e modos de existência na cibercultura. *In*: ALZAMORA, G; COUTINHO, F.; ZILLER, J. *Dossiê Bruno Latour*. Belo Horizonte: Editora UFMG, 2020c. p. 179-206.

_________. Dataficação da vida. *Civitas - Revista de Ciências Sociais*, 21(2), p. 193-202, 2021. https://doi.org/10.15448/1984-7289.2021.2.39638.

_________. Privacidade e infopoder. *In*: SANTAELLA, L. (org.). *Simbioses do humano e tecnologias*. São Paulo: EDUSP/IEA-USP, 2022. p. 33-50.

_________. O futuro da sociedade de plataformas no Brasil. *Intercom: Revista Brasileira de Ciências da Comunicação*, n. 46, e2023115, 2023. https://doi.org/10.1590/1809-58442023115pt.

_________. Erros, falhas e perturbações digitais em alucinações das IA generativas: tipologia, premissas e epistemologia da comunicação. *MATRIZes*, 18(1), p. 75-91, 2024. https://doi.org/10.11606/issn.1982-8160.v18i1p75-91.

_________. Fake news as digital disruption: unravelling algorithmic logic in the spread of disinformation. *In*: A. Gonçalves; L. Torre; P. Victor Melo (org.), *Inteligência Artificial e algoritmos*: desafios e oportunidades para os media. (p. 69-82). Labcom, UBI, 2024b.

_________. Artificial Intelligence's staging. *In*: *Sociétés*, n. 163, Bruxelas, p. 25-39, 2024c.

LEPASTIER, S. *L'incommunication*. Paris: CNRS Éditions, 2013.

LUHMANN, N. *A improbabilidade da comunicação*. Edições Vega, 2006.

NOBLE, S. U. *Algorithms of oppression*: how search engines reinforce racism. NYU Press, 2018.

NÖTH, W. O paradoxo semiótico da improbabilidade da comunicação. *MATRIZes*, São Paulo, v. 17, n. 2, 2023. http://orcid.org/0000-0002-2518-9773._

PAPACHARISSI, Z. (org.). *A networked self and human augmentics, Artificial Intelligence, sentience* (1. ed). Routledge, 2018. https://doi.org/10.4324/9781315202082.

PARIKKA, J. *A geology of media*. University of Minnesota Press, 2015.

PARIKKA, J.; SAMPSON, T. D. On anomalous objects of digital culture: an introduction. *In*: *The spam book*: on viruses, porn, and other anomalies from the dark side of digital culture (p. 291). Hampton Press, 2009.

PLANTIN, J.-C.; LAGOZE, C.; EDWARDS, P. N.; SANDVIG, C. Infrastructure studies meet platform studies in the age of Google and Facebook. *New Media & Society*, 20(1), p. 293-310, 2018. https://doi.org/10.1177/1461444816661553.

PLANTIN, J.-C.; PUNATHAMBEKAR, A. Digital media infrastructures: pipes, platforms, and politics. *Media, Culture & Society*, 41(2), p. 163-174, 2019. https://doi.org/10.1177/0163443718818376.

POELL, T.; NIEBORG, D.; DIJCK, J. V. Plataformização. *Fronteiras - estudos midiáticos*, 22(1), p. 2-10, 2020. https://doi.org/10.4013/fem.2020.221.01.

ROUMANI, Y. F.; NWANKPA, J. K.; TANNIRU, M. Predicting firm failure in the software industry. *Artificial Intelligence Review*, 53(6), p. 4161-4182, 2020. https://doi.org/10.1007/s10462-019-09789-2.

SANTOS, F. C. C. Artificial Intelligence in automated detection of disinformation: a thematic analysis. *Journalism and Media*, 4(2), p. 679-687, 2023. https://doi.org/10.3390/journalmedia4020043.

SRNICEK, N.; DE SUTTER, L. *Platform capitalism*. Polity Press, 2016.

TANG, K.-S.; COOPER, G. *The role of materiality in an era of generative Artificial Intelligence* [preprint]. EdArXiv, 2023. https://doi.org/10.35542/osf.io/s2dhe.

THYLSTRUP, B. N.; FLYVERBOM, M.; HELLES, R. Datafied knowledge production: introduction to the special theme. *Big Data & Society*, 6(2), p. 1-5, 2019. https://doi.org/10.1177/2053951719875985.

VAN DIJCK, J.; POELL, T.; DE WAAL, M. *The platform society*. Oxford University Press, 2018.

VELKOVA, J. Repairing and developing software infrastructures: the case of Morevna Project in Russia. *New Media & Society*, 20(6), p. 2145-2161, 2018. https://doi.org/10.1177/1461444817731922.

__________. Thermopolitics of data: cloud infrastructures and energy futures. *Cultural Studies*, 35(4–5), p. 663-683, 2021. https://doi.org/10.1080/09502386.2021.1895243.

_________. Retrofitting and ruining: bunkered data centers in and out of time. *New Media & Society*, 25(2), p. 431-448, 2023. https://doi.org/10.1177/14614448221149946.

WOLTON, D. *Vive l'incommunication*: la victoire de l'Europe. Éditions François Bourin, 2020.

ZUBOFF, S. *The age of surveillance capitalism*: the fight for a human future at the new frontier of power (First edition). PublicAffairs, 2019.

Lucia Santaella
Pontifícia Universidade Católica de São Paulo

A cultura da inteligência artificial entre o Norte e o Sul Global

Resumo: Cada vez mais a inteligência artificial vai se tornando onipresente em todas as áreas de atividades humanas, tais como saúde, telecomunicações, indústria e manufatura, setores governamentais, varejo e e-commerce, veículos autônomos, educação, economia e finanças. As pesquisas têm revelado pelo menos duas áreas em que os benefícios se fazem presentes, a saúde e a educação. Entretanto, colocar em relevo apenas os benefícios é uma forma de ocultamento dos efeitos colaterais da inteligência artificial que não são poucos. Diante disto, este artigo discute brevemente o imperativo da regulamentação em prol dos direitos fundamentais como um encaminhamento para a discussão central que diz respeito à questão da inteligência artificial no campo da cultura. Quando se sabe que, no Norte Global, desenvolve-se uma rica economia criativa na contracorrente do domínio cultural dos sistemas de recomendação das *big techs*, este artigo reivindica a necessidade de apoio intersetorial para o desenvolvimento da economia criativa do Sul Global para se evitar um hiato cultural entre o Norte e Sul Global.

Palavras-chave: inteligência artificial, sistemas de recomendação, economia criativa, Norte Global, Sul Global.

Résumé: L'intelligence artificielle devient de plus en plus omniprésente dans tous les domaines des activités humaines, tels que la santé, les télécommunications, l'in-

dustrie et la fabrication, les secteurs gouvernementaux, le commerce de détail et le e-commerce, les véhicules autonomes, l'éducation, l'économie et la finance. Les recherches ont révélé au moins deux domaines où les avantages sont présents : la santé et l'éducation. Cependant, ne mettre en lumière que les avantages est une manière de cacher les effets secondaires de l'intelligence artificielle, qui ne sont pas rares. Face à cela, cet article discute brièvement de l'impératif de la réglementation en faveur des droits fondamentaux comme une approche pour aborder la question centrale de l'intelligence artificielle dans le domaine de la culture. Alors que l'on sait que, dans le Nord Global, se développe une riche économie créative à contre-courant de la domination culturelle des systèmes de recommandation des grandes entreprises, cet article revendique la nécessité d'un soutien intersectoriel pour le développement de l'économie créative du Sud Global afin d'éviter un fossé culturel entre le Nord et le Sud Global.
Mots-clés: intelligence artificielle, systèmes de recommandation, économie créative, Nord Global, Sud Global.

Abstract: Artificial intelligence is increasingly ubiquitous in all areas of human activity, such as healthcare, telecommunications, industry and manufacturing, sectors of government, retail and e-commerce, autonomous vehicles, education, economics and finance. Research has revealed at least two areas where benefits are provided: health care and education. However, highlighting only the benefits is a way of hiding the side effects of artificial intelligence, which are not minor. Given this, the article briefly discusses the imperative of regulation so as to defend fundamental rights as the main axis of discussions about artificial intelligence in the cultural field. We know that, in the Global North, a rich creative economy is developing against the spread of cultural dominance of recommendation systems used by big corporations, this article claims the need for intersectorial support for the development of the creative economy in the Global South in order to avoid a cultural gap between the Global North and Global South.
Keywords: artificial intelligence, recommendation systems, creative economy, Global North, Global South.

Do final do século 19 para cá, a evolução da cultura tem se dado de modo cada vez mais acelerado. As tradicionais definições de cultura sofreram uma sequência de impactos que começaram com as tecnologias mecânicas da era da reprodutibilidade, fotografia, jornal, cinema e continuaram com as tecnologias eletrônicas, rádio e televisão, instauradoras da industrialização da cultura também chamada de cultura de massas. O impacto seguinte veio, nos anos 1970-80, com a invasão dos *gadgets*, tais como controle remoto, videocassete, TV a cabo, as câmeras de vídeo caseiras, o walkman, etc., os quais, além de começarem a minar a hegemonia da lógica unidirecional da cultura de massas, já iam preparando o terreno para a grande revolução que viria com a cultura do computador, hoje chamada de cultura digital, cujas transformações têm crescentemente embaralhado todas as cartas do jogo da cultura.

Desde os anos 2000, tem sido vertiginosa a expansão das redes sociais e dos conteúdos gerados pelos usuários em múltiplas plataformas e aplicativos. A internet agora gera e distribui novos dados em quantidades exorbitantes. Nossa atual produção diária de dados está estimada em alguns quintilhões (um número com dezoito zeros) de bytes, sendo a maior parte de dados não estruturados, como vídeos e áudios. Todos esses dados resultam de atividades humanas que expressam sentimentos, experiências e relações do dia a dia.

O crescimento dos dados viu-se acompanhado pelo desenvolvimento da ciência dos dados, provavelmente a mais jovem ciência de que se tem notícia, sem a qual os dados não seriam capazes de se converter em informação significativa. Por volta de 2015, as metodologias do *big data* já eram empregadas em muitas áreas de conhecimento e de atividades humanas tais como física, matemática, economia, ciência política, sociologia, bioinformática, comunicação, marketing, etc. Foi por essa época que uma personagem, desde sempre presente no mundo da computação, passou a circular como se fosse novidade, o algoritmo.

Embora a programação computacional tenha sempre dependido dos algoritmos, algo novo, de fato, estava, então, emergindo, a saber, os algoritmos de Inteligência Artificial (IA). Procedentes dos sistemas de aprendizagem de máquina e aprendizagem profunda, os algoritmos deixaram de ser simples sequências de instruções lineares e estáticas. O poder computacional aliado às redes neurais permitiu o advento de algoritmos que se modificam e se aperfeiçoam automaticamente em resposta a *feedbacks*. Esses são os algoritmos de IA que atuam de modo cada vez mais onipresente em todas as atividades humanas.

De fato, os recursos próprios da IA espraiam-se hoje por uma grande diversidade de atividades humanas. Eles estão presentes na saúde, nas telecomunicações, na indústria e manufatura, nos setores governamentais, no varejo e e-commerce, nos veículos autônomos, na educação, na economia e finanças. Difícil será encontrar algum setor da economia, política e cultura em que a IA não se faça presente, sem dúvida trazendo benefícios, especialmente na saúde e também na educação. Entretanto, se ficarmos apenas na face dos benefícios, deixaremos de ver e avaliar as contradições que a IA traz consigo.

O que se esconde por trás dos benefícios

Embora haja benefícios e facilitações da IA para a vida pública e individual, existe um lado da questão que precisa ser colocado em pauta, a saber, nosso rastro digital é transformado em uma moeda valiosa para uma indústria extremamente complexa, que envolve não só plataformas proprietárias e o governo, mas também o mercado publicitário, a indústria da comunicação e informação e, por último, e com certeza não menos importante, as corretoras de dados. Por isso, nas atuais condições do debate, as teclas, que são repetidamente tocadas, dizem respeito às consequências da datafição para a privacidade, o controle, a vigilância, especialmente para o abalo das instituições modernas da sociedade e, sobretudo, para os necessários cuidados com a vida saudável das democracias ocidentais (Van Dijck, 2017).

A qualidade das democracias depende grandemente do desenvolvimento sadio dos setores culturais da sociedade. Sob esse aspecto, reinam problemas que precisam ser atentamente examinados especialmente nas sociedades do Sul Global. Trata-se da superconcentração de dados monitorados pela IA sob o poder das grandes plataformas. A ascensão das plataformas globais, chamadas de *big techs*, alimentadas pelo *big data* e dominadas pelos algoritmos de IA, tem sido espantosa nos últimos anos. Para essas plataformas, dados e metadados não são meros subprodutos, mas um novo tipo de mercadoria de valor extraordinário que pode ser revendido ou reutilizado, por exemplo, para otimizar os algoritmos, tendo em vista recomendações e venda de publicidade. Assim, "Google, Facebook, Amazon e outras grandes plataformas não são apenas 'intermediários *on-line*'. São empresas de dados e, como tal, usam todos os esforços em seu poder para proteger e explorar plenamente as informações que coletam" (Kulesz, 2018, p. 85).

A imensa proporção dos dados que alimenta essas empresas provém de milhares de músicas, vídeos, textos, fotografias, etc., ou seja, expressões culturais humanas. Portanto, é sobre elas que os modelos de IA são aplicados. Com o aumento da capacidade de processamento e tratamento de dados, as máquinas tornam-se cada vez mais potentes em executar funções, reconhecer padrões e tomar decisões baseadas em modelos preditivos. Vem daí os sistemas de recomendação das plataformas como Amazon, Netflix, Spotify, Youtube, entre outras. Isso significa que o acesso a conteúdo midiático – imagens, músicas, filmes, vídeos, e notícias – depende da distribuição realizada por essas plataformas centralizadoras, que, ademais, condicionam o acesso aos algoritmos proprietários nelas desenvolvidos.

Assim, os sistemas de recomendação estão pautados no rastreamento e monitoramento algorítmico dos acessos dos usuários às plataformas, oferecendo apenas aquilo que se coaduna com um padrão fixo de preferências. Sob a aparência de um serviço prestado, as recomendações, na realidade, colocam os usuários em um círculo hemofílico, também chamado bolha, de câmera de eco ou viés de confirmação, que os incapacitam de ir além de uma visão repetitiva de mundo baseada em padrões interpretativos viciados. Assim, as milhões de expressões culturais com que as plataformas são alimentadas chegam ao polo do consumo reduzidas a bolhas imutáveis que se colocam como barreiras a quaisquer princípios de diversidade, tanto em nível local quanto global (Santaella, 2018, p. 15-19).

A superconcentração dos dados monitorados pela IA no poder das *big techs* gera condições de dependência da cultura à hegemonia das corporações de informação e entretenimento. Isso deveria ser motivo de grande preocupação na América Latina, visto que o Norte Global tem se dedicado à elaboração de documentos regulatórios e éticos para o desenvolvimento da IA.

O imperativo da regulamentação

As sociedades do Norte Global, em especial a União Europeia, estiveram há anos atentas aos desafios que se colocam para os direitos humanos, a ética, a democracia e o regramento das leis. Em 2022, a Comissão Europeia (CE) lançou o manual *AI Watch Road to the adoption of Artificial Intelligence by the Public Sector: A Handbook for Policymakers, Public Administrations and Relevant Stakeholders* (AI Watch Road para a adoção da Inteligência Artificial pelo Setor Público: Um Manual para Decisores Políticos, Administrações Públicas e Partes Interessadas Relevantes). O manual pretendia funcionar como um plano de ação multinível e multidimensional, fornecendo dezesseis recomendações agrupadas em quatro áreas de intervenção, acompanhadas por mais de cinquenta ações definidas para promover a adoção de IA centrada no cidadão no setor público, em diferentes níveis operacionais, como um motor seguro e confiável para alcançar objetivos comuns na Europa (Manzoni *et al.*, s.p.).

Finalmente, em maio de 2024, o *AI Act* foi aprovado. Esse documento representa um marco significativo na regulação de tecnologias emergentes, em especial a IA. Sua abordagem está baseada em princípios éticos que contribuem para o debate acerca da responsabilidade civil. Este esforço europeu, resultado de quase uma década de debates e colaborações multissetoriais, serve de exemplo inspirador para outras nações (Lima; Faleiros Jr., 2024, s.p.).

Além da União Europeia, outros países estão também envolvidos em processos de regulamentação. Segundo nos informam Lima e Faleiros Jr. (*ibid.*), no Brasil, várias iniciativas legislativas, como os Projetos de Lei nº 5051/2019, nº 21/2020 e nº 872/2021, buscaram regulamentar o tema de forma geral. Então em fevereiro de 2022, foi instituída pelo Senado Federal a "Comissão de Juristas responsável por subsidiar elaboração de substitutivo sobre IA" (CJSUBIA). A seguir, foi apresentado um projeto substitutivo – o Projeto de Lei nº 2.338/202316 –, de autoria do presidente do Congresso Nacional, senador Rodrigo Pacheco, que muito se aproxima da solução adotada na União Europeia.

Desde a sua apresentação pelo senador Rodrigo Pacheco em maio de 2023, "o Projeto de Lei nº 2.338 recebeu diversas emendas parlamentares (17), sobretudo no âmbito da Comissão Temporária Interna sobre Inteligência Artificial no Brasil (CTIA), criada com o objetivo de analisar e debater a regulamentação da Inteligência Artificial no Brasil por meio da discussão e aprimoramento de projetos de lei relacionados à IA". O Brasil ainda segue no aguardo do avanço do PL 2.338/2023.

Lima e Faleiros Jr. (*ibid.*) sintetizam seis grandes eixos lógicos das propostas regulatórias brasileiras: "(i) participação humana e supervisão (*human in the loop*); (ii) confiabilidade e robustez dos sistemas de inteligência artificial e segurança da informação; (iii) privacidade e governança de dados; (iv) transparência algorítmica, explicabilidade e auditabilidade; (v) diversidade, não discriminação e justiça; (vi) responsabilização, prevenção, precaução e mitigação de riscos".

O outro lado da moeda

O imperativo da regulamentação no Norte Global não tem interferido nos caminhos de uma crescente mobilização de uso da IA nas cadeias criativas e de valor alternativas às *big techs*. De fato, são muitas as tendências no Norte Global de aplicações de IA em todas as etapas dos ciclos da cultura – criação, produção, disseminação e consumo –, instaurando focos visíveis de desenvolvimento na economia criativa e na cadeia de valor da cultura.

Tenho defendido o argumento de que, embora regulamentações sejam necessárias, elas não são suficientes. É preciso também tirar partido dos sistemas e aplicativos de IA. Eles são muitos, adaptáveis a tarefas criativas específicas e, quando são utilizados como parceiros e coadjuvantes nos mais diversos processos de produção da economia criativa, eles empoderam as comunidades, possibilitam a expansão de novos modelos participativos e promovem vínculos entre arte, design, *software*, ciência e tecnologia. Essa expansão é culturalmente estratégica visto que pode funcionar como contrapeso necessário à dependência da cultura à hegemonia das *big techs*.

Quando se sabe que o Norte Global tem investido com grande energia nessa direção estratégica, isso nos conduz a conclusões táticas quanto ao destino cultural do Sul Global, e, no caso, da América Latina. Se agendas para o desenvolvimento da IA nos setores de indústria criativa não forem tomadas como prioridade duas consequências podem ser inevitáveis: 1. A intensificação da dependência cultural da América Latina à hegemonia das corporações de informação e entretenimento; 2. O alargamento de um hiato cultural entre o Norte e Sul Global.

Diante disso, torna-se premente que sejam desenvolvidas na América Latina agendas multissetoriais (setor privado, setor público, sociedade civil, academia) para a IA em todos os campos culturais e criativos, considerando as diferentes etapas dos ciclos da cultura. Ou seja, urge que sejam propostos e levados adiante modelos alternativos de desenvolvimento de uma agenda cultural estratégica para a IA.

É fundamental impedir a tempo o risco de um aprofundamento da brecha digital, na versão que se anuncia de uma brecha cultural e criativa, provocada pelos crescentes avanços dos sistemas de IA, em especial depois da onipresença da Inteligência Artificial Generativa que tantos abalos está provocando nos processos criativos. É preciso reduzir a brecha na cadeia produtiva e de valor cultural entre Norte e Sul, pois esta brecha não apenas fere os princípios básicos da Unesco que visam às garantias da diversidade de expressões culturais quanto também abafa a característica fundamental da cultura latino-americana e caribenha, a qual reside justamente em sua diversidade e hibridismo, como foi defendido por Canclini, já em 1997. As técnicas de IA podem e devem ser utilizadas como colaboradoras criativas para a permanência e desenvolvimento da diversidade cultural que se constitui justamente na riqueza das culturas latino-americanas.

A reação brasileira

Em boa hora o governo brasileiro apresentou, em 2024, um plano para a IA. Segundo Kaufman (2024, s.p.), o plano propõe 31 ações de impacto imediato, e ações estruturantes em cinco eixos: infraestrutura, pesquisa e desenvolvimento privilegiando fontes de energias renováveis; formação, capacitação, qualificação e requalificação; melhoria dos serviços públicos, incluindo base de dados públicos; inovação empresarial; e apoio à regulamentação e governança.

Entre outros direcionamentos para os investimentos, a ciência e a tecnologia são devidamente incluídas, como não poderia deixar de ser. A cultura e a arte, infelizmente, não são lembradas. Disso se conclui que os institutos culturais brasileiros devem se colocar em estado de alerta contra a IA, que pode se alargar diante da ausência de investimentos e incentivos no Sul Global, de um lado, e o desenvolvimento da indústria criativa e das artes nas suas novas parcerias com a IA no Norte Global, de outro. Afinal, a IA não afeta apenas a economia, a política, a ciência e a construção do conhecimento, mas também e muito profundamente as criações humanas, estas que são responsáveis pela regeneração da sensibilidade e da percepção que temos da realidade, das sociedades e do mundo.

Referências

KAUFMAN, Dora. Plano Brasileiro de IA: análise mais apurada. *Época Negócios*, 09/08/2024. Disponível em: https://epocanegocios.globo.com/colunas/iagora/coluna/2024/08/plano-brasileiro-de-ia-analise-mais-apurada.ghtml. Acesso em: 15 ago. 2024.

KULESZ, O. Políticas culturais na era das plataformas. *In*: Organização das Nações Unidas para a Educação, a Ciência e a Cultura (UNESCO). *Re/Pensar as políticas culturais*: criatividade para o desenvolvimento, p. 73-88, 2018.

LIMA, Cintia Rosa Pereira de; FALEIROS Jr., Luiz de

Moura. Depois de quase 10 anos de importantes debates: o Regulamento Geral Europeu sobre Inteligência Artificial é aprovado. *Migalhas*, São Paulo, maio 2024. Disponível em: https://www.migalhas.com.br/coluna/migalhas-de-protecao-de-dados/408033/depois-de-quase-10-anos-de-importantes-debates. Acesso em: 10 jun. 2024.

MANZONI, M.; MEDAGLIA, R.; TANGI, L.; VAN NOORDT, C.; VACCARI, L.; GATTWINKEL, D. AI watch road to the adoption of Artificial Intelligence by the public sector: a handbook for policymakers, public administrations and relevant stakeholders. EUR 31054 EN, *Publications Office of the European Union*, Luxembourg, 2022.

SANTAELLA, Lucia. *A pós-verdade é verdadeira ou falsa*? São Paulo: Estação das Letras e Cores Ed., 2028.

VAN DIJCK, José. Confiamos nos dados? As implicações da datificação para o monitoramento social. *MATRIZes*, 11(1), p. 39-59, 2017.

Alexander Goulart
Pontifícia Universidade Católica do Rio Grande do Sul
Rosângela Florczak de Oliveira
Pontifícia Universidade Católica do Rio Grande do Sul

Espetáculo da incomunicação em contextos de crise – ressonâncias de *o povo pelo povo* nas enchentes de 2024 no Sul do Brasil

Resumo: Na metamorfose provocada pelos riscos globais contemporâneos que reverberam em países complexos como o Brasil, observar a busca pela coabitação na arena pública digital em contextos de crises provocadas por desastres é escrutinar relações sociais. Tendo as enchentes de 2024 no extremo sul do país como foco de análise, refletimos sobre a espetacularização da ação individual e da visibilidade de soluções do *povo pelo povo* como risco de incomunicação e acomunicação no espaço democrático.
Palavras-chave: comunicação, crise, espetacularização, riscos globais, metamorfose digital.

Résumé: Dans la métamorphose provoquée par les risques mondiaux contemporains qui se répercutent dans des pays complexes comme le Brésil, observer la quête de cohabitation dans l'espace public numérique dans des contextes de crises provoquées par des catastrophes, c'est scruter les relations sociales. En prenant comme objet d'analyse les inondations de 2024 dans l'extrême sud du pays, nous réfléchissons à la spectaculaireisation de l'action individuelle et à la visibilité donné aux actions individuels, "du peuple par le peuple", comme risque d'incommunication et d'acommunication dans l'espace démocratique.

Mots-clés: communication, crise, spectacularisation, risques mondiaux, métamorphose numérique.

Abstract: In the metamorphosis caused by contemporary global risks as they reverberate in complex countries like Brazil, the examination of the search for cohabitation in the digital public arena in the context of crises caused by disasters permits a close-up examination of social relations. The 2024 floods in the extreme south of the country are the focus of this analysis, we reflect upon how individual actions become spectacles and the visibility given to individual actions, *from and by the people,* bring the risks of incommunication and of acommunication into democratic space.

Keywords: communication, crisis, spectacularization, global risks, digital metamorphosis.

Se admitirmos que vivemos em um momento histórico no qual o mundo se caracteriza por um amplo processo de metamorfose, com impacto em todas as dimensões da vida humana, parece não ser possível pensar e produzir conhecimento sobre a dimensão social a partir da tradicional ideologia cientificista da objetividade, tampouco, como afirma Cesarino (2022), é possível apelar para a ciência do *faça você mesmo* ofertada em abundância na internet. Nunca fez tanto sentido buscar a perspectiva da complexidade para ampliar a compreensão dos problemas contemporâneos. Pois é deste lugar que buscamos estabelecer um diálogo de caráter exploratório sobre a comunicação em contextos de crise no Brasil.

Imerso nos riscos globais que movimentam a metamorfose social contemporânea e alteram poderosamente os tradicionais quadros de referência para a ação (Beck, 2018), o Brasil precisa ser percebido a partir da complexa trama social e cultural que o define. Embora tenhamos esta trama como pressuposto para o pensar, não é sobre ela que nos deteremos. Partimos da ideia de riscos globais que se converteram em eventos extremos como desastres e catástrofes e geram crises que envolvem a arena pública e têm o poder de revelar aspectos das relações sociais muitas vezes invisíveis no cotidiano regular da sociedade.

Um desses aspectos é o da relação comunicacional em contextos de tensionamento social.

Especificamente, buscamos um momento histórico para dar materialidade à análise proposta: as enchentes que assolaram o sul do país em maio de 2024. Em meio a mortes, resgates, perdas materiais e culturais, desespero e incertezas, uma gigantesca arena pública foi simbolicamente montada e reverberada no espaço digital, produzindo uma espécie de espetáculo em torno de dor e culpa, marcado pela incomunicação – dificuldade de comunicação – e pela acomunicação – ausência de comunicação (Wolton, 2023) – entre instituições governamentais e sociedade civil.

A palavra de ordem *o povo pelo povo* ganhou as redes sociais digitais e se tornou elemento da subjetividade social na busca de produzir a compreensão da crise vivida. Embora reveladora das falhas do poder público diante do desastre, a expressão foi explorada como uma estratégia de deslegitimação institucional por movimentos extremistas e alimentada pela desinformação e pelo espetáculo em torno da dor, da estupefação da sociedade e da percepção de urgência. Nossa reflexão se propõe a compreender como a percepção *o povo pelo povo* é nutrida e fortalecida pela incomunicação e acomunicação entre instituições, organizações e sujeitos por meio da espetacularização da dor e do sofrimento.

Na perspectiva teórica, é possível iniciarmos a reflexão a partir da concepção de riscos globais que marcam a contemporaneidade. Eles produzem e são produzidos, em relação recursiva, pela metamorfose apontada por Beck (2018). Para o autor, nessa transformação generalizada e ubíqua, as instituições simultaneamente funcionam e fracassam. Por existirem e responderem a um quadro de referência antigo, costumam fracassar quando as exigências se alinham a novos quadros de referência.

Dentre os riscos públicos globais elencados por Beck (2028) estão aqueles representados pelas mudanças climáticas, pela energia nuclear, pelas finanças e terrorismo, mas também o que ele denomina como risco à liberdade digital global. Esse risco gera a metamorfose digital, que tem a ver com os efeitos colaterais não intencionais da chamada revolução digital, e que são com frequência invisíveis e geram sujeitos metamorfoseados (Beck, 2018).

Ao configurar o risco global digital, Beck (2018) está se referindo ao que ele denomina como império digital que está emergindo, com caraterísticas muito distintas dos impérios históricos que já conhecemos. É um império que não necessita de violência militar, mas que exerce um controle amplo e intenso, profundo e de vasto alcance sobre os sentidos e significados compartilhados que configuram a subjetividade social.

Diante desse império, as instituições operantes fracassam por não estarem concebidas para uma realidade cosmopolita e não atenderem aos desafios lançados pela atual sociedade de risco global (Beck, 2018). Na leitura do viés político do digital que se organiza em novas mídias, Cesarino (2022) relembra os pressupostos invertidos da infraestrutura técnica construída, que inclui assimetrias fundamentais produzindo zonas de opacidade entre usuários e sistemas algorítmicos, entre plataformas e aparato regulatório democrático, entre outras assimetrias.

Para além da técnica convertida em ambiente midiático, as características da metamorfose digital estão no entrelaçamento essencial do on-line e do off-line. Tem a ver com os seres humanos digitais, cuja existência metamorfoseada questiona as categorias tradicionais como status, identidade social, coletividade e individualização. Para além do impacto sobre os seres humanos, a "poderosa coalização entre Estados e empresas" (Beck, 2018, p. 191) também revela como as próprias democracias estão sendo metamorfoseadas de maneira insidiosa e imperceptível.

Uma das manifestações desta metamorfose está na percepção de que o setor privado é o condutor essencial, o movimento que abala as bases da democracia se fundamenta no dogma da boa governança e no discurso gerencial que molda a política global e as instituições globais. Hoje, os problemas públicos são tratados naturalmente por meio de parcerias público-privadas e da devolução de mais responsabilidade ao indivíduo. Está em jogo a metamorfose de entendimentos estabelecidos chegando até o impacto sobre a noção de subjetividade.

No diálogo entre Beck (2018) e Cesarino (2022) há complementações, uma vez que a última autora questiona o quanto a atual infraestrutura de mídia (digital) impulsiona a política de ressonâncias. Ela pondera que se estabelecem, mesmo sem uma identidade comum, ressonâncias pré-representacionais no nível dos afetos, hábitos, memórias, experiências e estilos de vida. Cesarino vai evidenciando como o digital transforma a esfera pública. Tudo isso produz, para Beck (2018), um franco processo de substituição de um quadro de referência por outro até agora desconhecido e nebuloso. Uma ordem social e política se dissolve e outra surge.

Um exemplo do cotidiano relembrado por Sibilia (2026) pode nos dar uma pista desse novo que surge. A autora relembra a capa da revista *Time* de 2006, em sua edição especial da personalidade do ano. Ao invés de destacar uma personalidade pública como tradicionalmente ocorre, a revista publicou um espelho e o emblemático texto: "Por tomarem as rédeas da mídia global, por forjarem uma nova democracia digital, por trabalharem de graça e superarem os profissionais em seu próprio jogo, a personalidade do ano da *Time* é você" (Sibilia, 2006, p. 15). Diante disso, a autora questiona se estaríamos sofrendo de um surto de megalomania consentida e estimulada.

A digitalização do cotidiano e da vida do indivíduo em detrimento do coletivo multiplicou o espectro da acumulação de espetáculos, ou seja, as relações sociais mediadas pelas imagens em caráter acelerado de produção e consumo, misturando produtos em um mesmo lugar – informações, entretenimento, shopping, burocracia estatal, finanças, aplicativos para os mais variados fins. É a nova arena pública fortalecida, especialmente pelas plataformas de redes sociais digitais. Tal arena não privilegia o diálogo, mas afirmações categóricas com pouquíssima escuta e respeito à alteridade.

Recordando Debord (1997), contemplamos a realidade no espetáculo ao mesmo tempo em que a realidade surge no espetáculo e ele torna-se o real. Neste mundo invertido, segundo o autor, a verdade se constitui do que é aparente, reafirmando a sentença naturalizante de que "o que aparece é bom; o que é bom aparece". A presença-ausência do sujeito, representada pela mediação simbólica, por imagens e mercadorias que assumem o lugar das relações humanas e da própria realidade é articulada num discurso que dificulta o diálogo, uma vez que reduz a margem para respostas; alimenta-se de seus próprios argumentos e imagens. Para Debord (1997) a imagem está para além do visual. Inclui conceitos, ideias, textos cuja construção simbólica se coloca no lugar do real. O espetáculo é como vivemos mentalmente a estrutura e nos relacionamos com as condições reais da existência. Uma aparência que esconde uma falta.

Na sociedade do espetáculo contemporânea, potencializada pela vida digital e seus algoritmos, podemos arriscar e ratificar a tese de que "o que liga os espectadores é apenas uma ligação irreversível com o próprio centro que os mantém isolados. O espetáculo reúne o separado, mas o reúne como separado" (Debord, 1997, p. 23). A ligação que mantém o distanciamento proposta por Debord pode ser articulada, na dimensão comunicacional das relações sociais, ao alerta apresentado por Wolton (2023): a interatividade tecnológica não é sinônimo de compreensão mútua.

Ainda assim, a busca pela interação, pela relação social, aponta para o horizonte da comunicação como condição para a democracia e coabitação. Nesse sentido, Wolton objetiva o desafio da comunicação não como a busca pela troca de informação, mas a alteridade, a negociação e a convivência. O autor adverte que no século XXI é a questão da incomunicação que precisa ser posta em evidência. A provocação do sociólogo se torna ainda maior diante do que ele denomina como a "espetacularização das contradições" (Wolton, 2023, p. 73) que torna tudo mais visível e mais rápido, sem o mesmo espaço para as contradições encontrarem as soluções.

Em meio aos desastres que acionam a comoção pública, as contradições apontadas pelo autor ocupam o espaço midiático e configuram a subjetividade social no espaço de disputas que podem colocar em risco a coabitação e a comunicação em si. Ao observar o evento extremo ocorrido no Rio Grande do Sul, Brasil, em maio de 2024[1] percebe-se a aceleração do debate público com as características apontadas por Sibilia (2016): visibilidade e conexão sem pausa. O enfrentamento da crise provocada pelas enchentes exigiu discussões públicas de diferentes complexidades: desde as mais práticas e imediatas como as estratégias para salvar as pessoas vulneráveis aos efeitos das inundações até o debate sobre as medidas de combate aos efeitos das mudanças climáticas aceleradas.

O ambiente midiático digital foi o espaço de visibilidade e disputa comunicacional entre forças que poderiam atuar de forma convergente ou, pelo menos, em um diálogo no qual o contraditório fosse um caminho para a construção do entendimento para enfrentar, não apenas as circunstâncias da crise gerada pelo desastre, mas também o risco global da mudança climática. Na arena da disputa midiática, os atores mais visíveis foram: as instâncias governamentais – federal, estadual e municipal –, os movimentos extremistas, as organizações públicas, privadas e do terceiro setor, e, ainda, o cidadão comum com espaço amplo nas redes sociais digitais.

Na plataforma Instagram, por exemplo, são mais de 100 mil publicações (figura 1) relacionadas a apenas uma das *hashtags* aglutinadoras de conteúdo: *#enchentes*. Nas postagens é possível observar que a disputa de audiência coloca em situação de igualdade, por exemplo, iniciativas de atores como governo federal apresentadas sob forma de informações jornalísticas da imprensa tradicional (*BBC, Terra*), pela imprensa identificada com movimentos de extrema direita (*JP News*), conteúdos do cidadão comum (*Já agradeceu a Deus pela sua cama quentinha hoje?* e imagens da enchente) e de movimentos políticos, entre outros (*Haarp: a teoria conspiratória*). Nas narrativas, informações anunciadas pelos governos, denúncias, mensagens motivacionais, relatos, entre outros.

Figura 1 – Diferentes atores presentes na plataforma Instagram sob a *hashtag* enchentes

Fonte: Instagram, 2024

Figura 2 – Desinformação e apropriação extremista em conteúdos *O povo pelo povo*

Fonte: Instagram, 2024

Entre conteúdos que se destacaram, conforme dados apurados no recurso *Instagram Search* da plataforma Instagram, está a expressão *O povo pelo povo*. Inicialmente agregando conteúdos que mostravam a solidariedade voluntária da população para salvar vidas, tornou-se um agregador de postagens que transformaram em espetáculo as iniciativas individuais em contraponto com a denunciada falta de senso de urgência dos governos para reagir aos efeitos do evento extremo (figura 2).

Na espetacularização vivida nas redes digitais, que estabelecem um novo quadro de referência para a ação, a frágil ligação entre os atores/espectadores não promove a convivência, mas a ligação que os mantém isolados por meio de uma espécie de política de ressonância. É possível compreender que há o esforço para construção de uma subjetividade social que parte do espetáculo da solidariedade e do voluntarismo de cidadãos comuns salvadores das vítimas das enchentes. Gradualmente, sob a perspectiva de *o que aparece é bom; o que é bom aparece* e por meio da visibilidade e da conexão sem pausa, conceitos, ideias, textos cuja construção simbólica está no lugar do real, vão colocando o conflito, a incomunicação e a acomunicação na arena pública digital, deslegitimando as organizações governamentais e públicas e lugarizando-as na incompetência e até em um papel de oponentes ao interesse do cidadão. O dogma da governança e gerenciamento privado e individual prevalece sobre a gestão pública e o interesse coletivo.

No contexto de um desastre espetacularmente e digitalmente midiatizado como foi a crise das enchentes de 2024 no Rio Grande do Sul, as plataformas de redes sociais digitais simultaneamente funcionaram e fracassaram. Nas trocas comunicacionais das práticas solidárias e genuínas, assim como na circulação da informação da imprensa, efetivamente salvaram vidas. Entretanto, nas disputas assimétricas das narrativas políticas contaminadas pelos extremismos, fracassaram e deixaram questões desafiadoras para o debate público, como as trazidas por Sibilia (2006). Será que estamos vivendo um surto de megalomania consentida e estimulada que vai comprometer em definitivo a nossa possibilidade de coabitação? Será a acomunicação um risco global a ser acrescentado na perspectiva da grande metamorfose proposta por Beck (2018)?

Nota

1. O Rio Grande do Sul ficou sob chuvas e cheias históricas por um mês. Os temporais inundaram pontos simbólicos do Estado, destruíram pontes e rodovias, deixaram mais de 160 mortos e expulsaram de casa mais de meio milhão de gaúchos. Resgates dramáticos como o do cavalo Caramelo, imagens da devastação e histórias de esperança comoveram o país nos 30 dias. Fonte: https://g1.globo.com/rs/rio-grande-do-sul/noticia/2024/05/29/fotos-cheias-no-rio-grande-do-sul.ghtml (acessado em 30/05/2024).

Referências

BECK, Ulrich. *A metamorfose do mundo*: novos conceitos para uma nova realidade. Rio de Janeiro: Zahar, 2018.

CESARINO, Letícia. *O mundo do avesso*: verdade e política na era digital. São Paulo: Ubu Editora, 2022.

DEBORD, Guy. *A sociedade do espetáculo*. Rio de Janeiro: Contraponto, 1997.

SIBILIA, Paula. *O show do eu*. Rio de Janeiro: Nova Fronteira, 2008.

WOLTON, Dominique. *Comunicar é negociar*. Tradução de Juremir Machado da Silva. Porto Alegre: Sulina, 2023.

Sérgio Amadeu da Silveira
Universidade Federal do ABC

Plataformas digitais, nuvens e a infraestrutura da guerra

Resumo: O texto trata das alterações trazidas pela primazia da economia comunicacional e computacional baseada em dados, denominada datafìcação. Indica como a economia da atenção baseada na criação, extração, armazenamento e tratamento permanente e crescente de dados fortalece a sua concentração em plataformas digitais e provedores de nuvem. Indica como os dados se tornaram o principal insumo da comunicação, da economia e da Inteligência Artificial realmente existente. Mostra que ao dominar os dados, provedores de nuvem e plataformas se tornaram infraestruturas totalizantes e indispensáveis para as ações não somente econômicas, mas também geopolíticas e militares.

Palavras-chave: datafìcação, plataformas, provedores de nuvem, inteligência artificial realmente existente, infraestruturas da guerra.

Résumé: Le texte aborde les changements apportés par la primauté de l'économie communicationnelle et computationnelle basée sur les données, appelée datification. Il montre comment l'économie de l'attention, fondée sur la création, l'extraction, le stockage et le traitement permanent et croissant des données, renforce sa concentration au sein des plateformes numériques et des fournisseurs de cloud. Il indique comment les données sont devenues la principale ressource de la communication, de l'économie

et de l'intelligence artificielle existante. Le texte montre qu'en contrôlant les données, les fournisseurs de cloud et les plateformes sont devenus des infrastructures totalisantes et indispensables non seulement pour les actions économiques, mais aussi pour les actions géopolitiques et militaires.
Mots-clés: datification, plateformes, fournisseurs de cloud, intelligence artificielle existante, infrastructures de guerre.

Abstract: The article deals with the changes brought about by the primacy of the communication and the computational economy based on data, called datafication. It indicates how the 'economics of attention' implies that much information is ignored, especially due to the permanent and growing creation, extraction, storage and processing of data which becomes increasingly concentrated in digital platforms and cloud providers. It indicates how data has become the major input into communication, the economy and Artificial Intelligence. It shows that by mastering data, cloud providers and platforms have become totalizing and indispensable infrastructures for action which is not only economic, but also geopolitical and military.
Keywords: datafication, platforms, cloud providers, artificial intelligence, war infrastructures.

A comunicação foi hegemonizada pelo digital que cresceu em rede e converteu as expressões simbólicas em formato binário. As tecnologias de digitalização nasceram computacionais, cibernéticas, ou seja, simultaneamente de comunicação e de controle. Elas se expandiram e adquiriram primazia diante do analógico. As redes digitais reunidas pelos protocolos TCP/IP[1] se constituíram na chamada internet, projeto de origem militar, que se alastrou pelos continentes no mesmo período em que a doutrina neoliberal se propagava desregulamentando mercados e abrindo as fronteiras econômicas dos países economicamente pobres e de renda média. Manuel Castells (2005) não estabeleceu uma relação causal entre o avanço das tecnologias informacionais e o neoliberalismo, já Dan Schiller (1999) destacou que sem o cenário político e econômico preparado pelos neoliberais, seria muito difícil o avanço tão acelerado e penetrante das redes digitais submetidas ao controle privado.

Ainda no século XX, a arquitetura distribuída da internet proposta por Paul Baran (1964) ofereceria não somente resiliência mediante um ataque nuclear às estruturas de comunicação dos Estados Unidos, trouxe esperanças e expectativas de que poderia maximizar as democracias. Além disso, a internet, a rede das redes digitais, inverteu os fluxos do ecossistema comunicacional substituindo a primazia da economia da difusão, típica da comunicação de massas, pela economia da atenção, em que o difícil não é falar, mas ser ouvido. O mundo interconectado, em redes distribuídas, onde todas e todos pudessem se comunicar parecia ser a concretização de uma utopia informacional. Entretanto, alguns críticos, como Dominique Wolton (2003), questionaram se a aceleração dessas trocas de mensagens e imagens não poderia ter um efeito inverso e aumentar a má comunicação entre as sociedades.

No início da segunda década do século XXI já era evidente que uma rede distribuída não seria sinônimo de uma rede democrática. A internet distribuiu não somente o direito de falar, mas também a vigilância, a coleta massiva de dados, as mensagens de grupos reacionários que buscavam submeter etnias, intimidar mulheres, espalhar a homo e a transfobia, o racismo e reorganizar os grupos reacionários e supremacismos mais nefastos. A realidade batia novamente à porta. A ascensão dos blogs foi tão fulminante quanto sua queda diante das redes sociais. Logo, em 2004, surgia o Orkut e o Facebook, talvez as duas primeiras redes de relacionamento social online. Em 2005, foi criado o YouTube. Em 2006, o Google adquiriu o repositório de vídeos por pouco mais de US$ 1,65 bilhão. Alguns meses depois a concentração das redes de interações cotidianas e de entretenimento começou a se evidenciar. Google e Facebook passaram a concentrar as principais plataformas de interação. A grande acumulação informacional estava apenas começando.

Nesse período, o Google percebeu que os dados e metadados eram uma fonte de riqueza (Zuboff, 2015). A Amazon também apostou nos dados e na ideia da computação em nuvem, proposição que nasceu na academia[2] e que se beneficiava da elevação do poder computacional, ou seja, do aumento da capacidade de processamento e do crescimento da conectividade. Assim, a produção de dados, seu armazenamento e tratamento com finalidades de extração de valor decolou entre a primeira e a segunda década do novo século. Viktor Mayer-Schonberger e Kenneth Cukier (2013) no livro chamado *Big Data* – jargão do mercado para falar do tratamento veloz de um grande volume e variedade de dados – definiram como "datafïcação" a conversão dos fluxos das atividades econômicas, políticas e cotidianas em uma torrente de dados. Nesse sentido, a datafïcação tornou-se uma das principais tendências da economia capitalista.

Dados, plataformas e nuvens

O capital informacional, a partir do controle dos dados, buscava controlar as pessoas. Obtendo dados do comportamento online, capturando os rastros digitais dos indivíduos e segmentos sociais conectados, o capital acreditava que poderia encontrar traços que permitissem constituir perfis de consumo, de comportamento, de estilo, gostos e, principalmente, necessidades. Os dados permitiriam descobrir o que poderia atrair as atenções dos consumidores. Dados estatisticamente tratados seriam capazes de predizer, de prever. Auguste Comte ficaria encantado com a datificação. Essa disposição behaviorista (Zuboff, 2020) gerou o dataísmo (Van Dijck, 2014), ou seja, na crença que os dados são naturais e que podem em si trazer as respostas que decifram o mundo, principalmente as esferas dos negócios e do poder.

Proponho uma relação direta entre a datificação e a retomada da Inteligência Artificial conexionista que até então andava vagarosamente nos laboratórios de pesquisa das universidades. Baseada na ideia de que a inteligência é a capacidade de realizar classificações e extrair padrões efetuando conexões como em nossas redes neurais, o aprendizado de máquina tinha dados suficientes e poder computacional crescente para realizar seus experimentos. Assim, os antigos algoritmos estatísticos podiam ser adequados ao *big data* e gerar predições.

Dados abundantes são a fonte ou o principal insumo da IA realmente existente. Provedores de nuvem e plataformas passaram a dominar a paisagem informacional, sendo fenômenos que se retroalimentam e reconfiguram o capitalismo alterando as democracias e a geopolítica. As plataformas são infraestruturas digitais que se colocam entre a oferta e a demanda de uma atividade ou segmento do mercado. São mediadoras da relação entre esses agentes. O Uber é um exemplo de plataforma. Reúne quem quer oferecer seu veículo como um serviço de transporte individual e quem procura um carro para se locomover e está disposto a pagar por isso. A empresa Uber não precisaria ter um único carro. Ela acumula dados da oferta e da demanda daquele segmento do mercado. Com o controle dos dados, interfere nas relações entre motoristas e usuários. Os algoritmos do Uber definem quem pode obter uma corrida, quais os preços e quais regiões que o motorista ganha mais por corrida, enfim, controlam os fluxos. A modulação dos comportamentos é a operação fundamental da plataformização.

Plataformas são principalmente infraestruturas de dados. Suas operações são executadas por sistemas de algoritmos da IA realmente existente, em geral, por tecnologias de aprendizado profundo.

Elas dominaram a comunicação, o entretenimento e as interações cotidianas. Mas, não param por aí. Avançam para as áreas de saúde, logística, finanças e agricultura, entre outras (Srnicek, 2017). A combinação das plataformas com os provedores de nuvem é uma tendência da datafição intensa e extensa. As plataformas coletam permanentemente dados de seus usuários e treinam modelos de aprendizado profundo para atrair as atenções e modular os comportamentos de seus usuários. Essa é a mina de ouro que levou o Google e o Facebook, hoje Alphabet e Meta, a se tornarem o maior destino de verbas publicitárias do mundo.

A voracidade pelo acúmulo de dados nas plataformas e nos provedores de nuvem está gerando impactos ambientais de grande proporção. Os *data centers*, infraestruturas indispensáveis das plataformas, nuvens e dos grandes modelos da IA realmente existente, consumiram, em 2022, aproximadamente 460 terawatt-hora (TWh) de eletricidade, podendo alcançar 1.000 TWh em 2026, "equivalente ao consumo de eletricidade do Japão" (IEA, 2024, p. 8). Não é a digitalização, mas o modelo de negócios baseados na contínua criação, extração, armazenamento e tratamento de dados que se tornou ambientalmente insustentável. Os esforços para melhorar o desempenho energético e utilizar fontes renováveis indicam a preocupação com o aquecimento global, com o efeito estufa, mas também que o capital não parece disposto a reduzir sua avidez e ganância pela coleta e armazenamento de dados.

Das infraestruturas do entretenimento para as infraestruturas da guerra

A *big tech* de Jeff Bezos controla a Amazon Web Server que detinha 31% do mercado mundial de nuvem, seguido pela Microsoft Azure com 25% e pelo Google com 11%, segundo o relatório do primeiro trimestre de 2024 do Synergy Research Group. Apenas as 3 *big techs* concentraram 67% do mercado de infraestrutura como serviço (IaaS) e de plataforma como serviço (PaaS). Estes são modelos de negócios de nuvem em que as empresas e instituições não precisam ter nada além de computadores de mesa ou laptops em sua sede e filiais, pois ela pode comprar dos provedores de nuvem toda a infraestrutura computacional que precisa como se fosse um serviço de acesso remoto. Os provedores de nuvem passaram a concentrar em seus *data centers* os dados de milhões de empreendimentos e instituições.

Os controladores das plataformas e provedores de nuvem concentram conhecimento, dados e infraestruturas que exigem crescentes e elevadas quantias de capital para desenvolver soluções originais. A inovação vai sendo ditada e controlada por esse extrato das classes dominantes que transformaram seus empreendimentos em infraestruturas de dominação que estão também na base da IA: dados, nanochips, patentes, grandes *data centers* capazes de rodar os *Large Language Models*, modelos de IA Generativa e *deep learning*. Segundo o AI Index Report 2023, desde 2014 a produção de conhecimento original sobre a Inteligência Artificial migrou das universidades para as *big techs* (Maslej, 2023). Em 2022, havia 32 modelos significativos de aprendizado de máquina produzidos pelas corporações, em comparação com apenas três produzidos pela academia.

Em breve, não haverá guerra sem a Amazon. Em 2017, o Departamento de Defesa (DoD) dos Estados Unidos lançou a Joint Enterprise Defense Infrastructure (JEDI), algo como uma infraestrutura de defesa empresarial conjunta. O objetivo era obter uma plataforma de computação em nuvem capaz de suportar as operações militares dos EUA. A licitação de 10 bilhões de dólares foi vencida pela Microsoft e contestada judicialmente pela Amazon. Em julho de 2021, o DoD cancelou o JEDI e lançou o Joint Warfighter Cloud Capability (JWCC), buscando acomodar ao máximo os interesses de suas *big techs* para aumentar seu potencial de utilização de dados com a menor latência possível (Edward, 2022).

Destinando 9 bilhões de dólares no JWCC, o Departamento de Defesa decidiu alocar a infraestrutura digital e de dados em múltiplos provedores de nuvem comerciais caracterizando uma importante mudança na doutrina de segurança militar e aderindo completamente ao primado neoliberal. Assim, foram contratados os provedores de nuvem Amazon Web Services, Microsoft Azure, Google Cloud Platform e Oracle (Edwards, 2022). A proposta visa garantir o rápido dimensionamento de recursos de computação, armazenamento e rede para atender às demandas de diferentes missões e cenários no plano estratégico e tático, ou seja, no nível dos combates. Inovação de último nível, segurança, escalabilidade, interoperabilidade, disponibilidade máxima de dados e de poder computacional são as palavras de ordem dos atuais senhores da guerra.

No livro *The Human-Machine Team: How to Create Synergy Between Human & Artificial Intelligence That Will Revolutionize Our World* (2021), o General Brigadeiro Y.S. das Forças de Defesa de Israel torna evidente a mudança no curso da organização da guerra. Afirmou que o mercado e suas empresas terão sempre mais dinheiro, dados e especialistas que o Estado, por isso, as Forças Armadas terão que buscar sua transformação digital, jargão utilizado amplamente pelo mercado e assumido por agências multilaterais e governos de todo o mundo.

Tal transformação implica o desenvolvimento de capacidades de terceirização, ou seja, de recorrer às empresas privadas de tecnologia que deverão ter a mesma importância que as atividades de desenvolvimento de habilidades internas da instituição.

Infraestruturas totalizantes

O professor James Der Derian (2009) ao analisar as intersecções entre guerra, tecnologia, mídia e o entretenimento afirmou que os enfrentamentos militares contemporâneos haviam se tornado cada vez mais virtuais, com o uso de simulações e tecnologias digitais. Der Derian chamou nossa atenção para o fato de que as guerras não eram travadas apenas no campo de batalha, mas também no espaço virtual, onde as imagens e informações desempenham um papel crucial. Por isso, afirmou que existia uma rede complexa que conecta as indústrias militar, de entretenimento e de mídia (Der Derian, 2009).

O crescimento dos orçamentos militares avança e acompanha as tensões planetárias, com ele aumenta a crença no poder dos dados e no uso da IA para operações de guerra, bem como para a extração de padrões das populações para modular as disputas pela opinião pública. Não há guerra sem desinformação e disputas de práticas discursivas. Nesse cenário, as plataformas e os provedores de nuvem se tornaram elementos estratégicos e fundamentais da guerra. As mesmas empresas que coletam dados para a comunicação e entretenimento, para alimentar os grandes modelos de linguagem e seus chats, fazem parte da infraestrutura indispensável da guerra. Depois de anunciar as regiões secretas dos *data centers* disponíveis para a Marinha americana (Martin, 2021), a Amazon divulgou em seu blog um Data Center Modular: "O AWS MDC permite que as agências do Departamento de Defesa executem aplicações de baixa latência em ambientes com infraestrutura limitada para cenários como operações militares em grande escala, resposta a crises e cooperação em segurança" (AWS, 2023).

Vivemos um momento *sui generis* de concentração de poder tecnoeconômico nas plataformas e em seus provedores de nuvem. Além de integrar os aparelhos ideológicos do Estado, modular atenções e formatar as subjetividades, os controladores das plataformas comunicacionais extraem dados das populações e os armazenam em *data centers*. Estes servem para múltiplos fins, do entretenimento aos *frameworks* das ações militares. Nuvens digitais e plataformas são organizações comunicacionais, dataficadas e, simultaneamente, atores geopolíticos, agora indispensáveis para o curso das guerras. São infraestruturas totalizantes.

Notas

1. Os protocolos TCP/IP, sigla para Transmission Control Protocol/Internet Protocol, são um conjunto de regras que permitem a comunicação entre computadores e demais dispositivos que compõem a internet. O TCP define os pacotes de bits e o IP organiza o sistema de envio e recebimento desses pacotes.
2. O professor Chellappa (1997) é o primeiro a sistematizar o novo paradigma baseado na computação em nuvem. Nuvem é uma metáfora para o acesso remoto a recursos computacionais, dados e softwares. A computação em nuvem é uma das principais responsáveis pela disseminação de *data centers*.

Referências

AWS. Amazon Web Service announces AWS Modular Data Center for U.S. Department of Defense Joint Warfighting Cloud Capability. AWS Public Sector Blog Team, 13 FEB 2023. Disponível em: https://aws.amazon.com/pt/blogs/publicsector/announcing-aws-modular-data-center-u-s-department-defense-joint-warfighting-cloud-capability/.

BARAN, Paul. On distributed communications networks. *IEEE transactions on Communications Systems*, v. 12, n. 1, p. 1-9, 1964.

CASTELLS, Manuel. *A sociedade em rede*. São Paulo: Paz e Terra, 2005.

CHELLAPPA, Ramnath. Intermediaries in cloud-computing: A new computing paradigm. *In*: *INFORMS Annual Meeting*, Dallas. 1997.

DER DERIAN, James. *Virtuous war*: mapping the military-industrial-media-entertainment-network. Routledge, 2009.

EDWARDS, Jane. AWS, Google, Microsoft, Oracle to Share in $9B DOD Joint Warfighter Cloud Capability Contract. GovComWire, December 8, 2022. Disponível em: https://www.govconwire.com/2022/12/aws-google-microsoft-oracle-awarded-9b-dod-jwcc-cloud-contract/.

IEA. Electricity 2024. Analysis and forecast to 2026. International Energy Agency, Paris, 2024. Disponível em: https://www.iea.org/reports/electricity-2024.

MARTIN, Liz. US Navy deploys DevSecOps environment in AWS Secret Region to deliver new capabilities to its sailors. AWS GovCloud (US),

Customer Solutions, Defense, Government, Public Sector, on 29 Jun 2021. Disponível em: https://aws.amazon.com/pt/blogs/publicsector/us-navy-deploys-devsecops-environment-aws-secret-region-deliver-new-capabilities-sailors/.

MASLEJ, Nestor *et al. The AI Index 2023 Annual Report*. AI Index Steering Committee, Institute for Human-Centered AI, Stanford University, Stanford, CA, April 2023.

MAYRES-CHONBERGER, Viktor; CUKIER, Kenneth. *Big data*: the essential guide to work, life and learning in the age of insight. Hachette UK, 2013.

SCHILLER, Dan. *Digital capitalism*: networking the global market system. MIT press, 1999.

SRNICEK, Nick. *Platform capitalism*. John Wiley & Sons, 2017.

SYNERGY Research Group. Huge cloud market sees a strong bounce in growth rate for the second consecutive quarter. Reno, NV, April 30, 2024. Disponível em: https://www.srgresearch.com/articles/huge-cloud-market-sees-a-strong-bounce-in-growth-rate-for-the-second-consecutive-quarter.

VAN DIJCK, José. Datafication, dataism and dataveillance: Big Data between scientific paradigm and ideology. *Surveillance & society*, v. 12, n. 2, p. 197-208, 2014.

WOLTON, Dominique. *Internet, e depois?*: uma teoria crítica das novas mídias. Porto Alegre: Sulina, 2003.

Y.S., Brigadier General. *The human-machine team*: how to create synergy between human & Artificial Intelligence that will revolutionize our world. Independently published, 2021.

ZUBOFF, Shoshana. Big other: surveillance capitalism and the prospects of an information civilization. *Journal of information technology*, v. 30, n. 1, p. 75-89, 2015.

ZUBOFF, Shoshana. *The age of surveillance capitalism*: the fight for a human future at the new frontier of power. New York: PublicAffairs, 2020.

Renato Janine Ribeiro
Tarso Genro
Cristiane Freitas Gutfreind
Rachel Meneguello
Tom Dwyer

Parte III (Política)

Renato Janine Ribeiro
Universidade de São Paulo

O *demos* em crise:
o *logos* sequestrado pelo *pathos*

Resumo: A crise da democracia é também uma crise do *demos*, fragmentado em grupos identitários que, fundados no *pathos* e no sofrimento, abandonam o *logos* e o diálogo. Essa fragmentação enfraquece os laços sociais e ameaça a democracia, que depende de um senso comum compartilhado. O *logos*, sequestrado pelo *pathos*, transforma o discurso em sucessivos monólogos, comprometendo a unidade necessária para as diferenças que constituem a vida democrática.
Palavras-chave: logos, demos, pathos, identidade, crise da democracia.

Résumé: La crise de la démocratie est également une crise du démos, fragmenté en groupes identitaires qui, étant fondés sur le pathos et la souffrance, mettent fin au logos et au dialogue. Cette fragmentation affaiblit les liens sociaux et menace la démocratie, qui dépend d'un sens commun partagé. Le logos, dès qu'il est saisi par le pathos, substitue au discours une succession de monologues, ce qui compromet l'unité nécessaire aux différences qui constituent la vie démocratique.
Mots-clés: logos; demos; pathos; identité; crise de la démocratie.

Abstract: The crisis of democracy is also a crisis of the demos, shattered into several groups whose identity is grounded in pathos: this makes them abandon logos and dialogue. This fragmentation weakens the social bonds and threatens democracy, which relies on shared common sense. When pathos hijacks logos, discourse is transformed into successive monologues, which undermines the unity necessary for the differences to play a role in constituting democratic life.

Keywords: logos; demos; pathos; identity; crisis of democracy.

Pode haver democracia se não houver *demos*? Pode o governo do povo, pelo povo e para o povo subsistir, se os laços sociais que constituem um povo forem gravemente esgarçados, como estão sendo? A vida social é condição para que a sociedade como um todo, o que se chama *povo* (*demos, populus*), reja a si mesma. Por isso, se a vida social perder seus traços essenciais, fica em risco a democracia.

Em outras palavras, para haver democracia é preciso haver povo e haver poder. Ora, "povo", como entendemos, é uma criação relativamente nova, que surge na passagem da Idade Moderna para a Contemporânea, ao emplacar uma concepção do mundo que chamaremos de romântica: é uma unidade marcada por uma língua e sentimentos comuns. Assim, para haver o que hoje é a República Tcheca, é essencial o *Moldava*, de Smetana. Para existir Hungria, Bela Bartók é fundamental, com a ideia de folclore, de um saber ou cultura do *folk*, do povo. Para haver Alemanha, a tradução da *Bíblia* por Lutero consagrou uma língua comum, apesar dos dialetos e diversidade. Uma língua não é apenas um dialeto ao qual se somam uma bandeira e um exército; a nacionalidade supõe, antes de tudo, uma identidade comum – uma espécie de psiquê, de articulação dos sentimentos.

Já, para que essa identidade seja democrática, ou seja, para que o *demos* também tenha (ou seja) *krateia*, poder, é necessário que além da unidade haja diferenças. A democracia é o único regime político em que o normal não é a harmonia, mas o conflito. A unidade forja-se na diferença; nada mais significativo do que o primeiro país do mundo a emitir selos postais, o Reino Unido: neles não consta o nome da nação, só a efígie do monarca. Sua imagem consolida a identidade nacional, aquela que une direita e esquerda, ingleses e escoceses, conservadores e trabalhistas; e não é fortuito que o selo postal surja com a rainha Vitória, que abdicará do poder político, para tornar a realeza – e em especial a família real, a família por excelência, detentora das virtudes a que se chamará *vitorianas* – um exemplo moral e também o fundamento para a unidade da nação. Não fosse ela, a monarquia britânica teria caído, como sucedeu por toda a Europa; os reis que a antecederam se metiam na política e um deles foi o imoral e desprezado Jorge IV. Vitória abre mão da política e moraliza a monarquia. Essa monarquia cujos poderes se hipertrofiam no simbólico – inclusive nos rituais, inventando tradições, e em verbas polpudas de dinheiro – é que permite aquela democracia que por bastante tempo será a mais avançada e sólida do mundo.

Nosso tempo conhece uma difusão da democracia maior do que em qualquer época passada. No século de Péricles, democracia praticamente só existia em sua Atenas que, com poucas dezenas de milhares de cidadãos, representava menos de um milésimo da população mundial – que Simon Montefiore então calcula em 100 milhões[1]. Hoje, se considerarmos os países em que haja ao mesmo tempo uma liberdade de escolha pessoal, permitindo a cada um – e em especial às mulheres, excluídas do poder por milênios – eleger seus parceiros, profissão e fé religiosa, mais a liberdade política, garantindo a cada qual o direito de participar na coisa pública, teremos perto de meia humanidade vivendo em ambiente democrático. O grande salto positivo se deveu à queda das ditaduras satélites dos Estados Unidos e da União Soviética, na década de 1980. A América Latina e a Europa Oriental assim se democratizaram, em que pesem as dificuldades que depois viveram. Mas desde a crise das *subprimes*, que vitimou a economia dos Estados Unidos e em decorrência a do mundo inteiro a partir de 2008, vive-se uma regressão: basta a Índia, "a maior democracia do mundo", completar a transição para uma ditadura hinduísta, ou os Estados Unidos ficarem sob um regime autoritário, que despencarão a quantidade da democracia, no primeiro caso, e sua qualidade, no segundo.

Mas ao mesmo tempo sofremos uma perda do vínculo social romântico de que falei; morrer pela pátria, que por um tempo, entre a Revolução Americana e a agressão dos Estados Unidos ao Vietnã, constituiu uma característica da identidade nacional, perdeu o sentido; ao mesmo tempo, surgiram o que chamo *minidemoi*, minipovos, marcados por uma hipertrofia identitária, que em seu apertado seio aplicam todos os distintivos que antes eram os do povo nacional: assim funcionam os grupos que, antes oprimidos, se emancipam, multiplicando características a distingui-los dos demais. Ou seja, o povo "nacional" perdeu a identidade que o fazia reunir as diferenças, enquanto, abaixo dele, cópias suas pequenas hipertrofiaram suas identidades, esmagando diferenças internas. É ótimo grupos que foram oprimidos assumirem direitos; mas é estranho fazer isso exacerbando distinções, chegando até, o que parece ser praxe dos *demoi*, grandes ou micro, a inventar tradições ou costumes.[2] O laço social deixou de definir o brasileiro, o francês; na Índia, a nacionalidade está sendo capturada pelo hinduísmo, o que exclui dela suas centenas de milhões de muçulmanos. Na Europa, o extremismo de direita quer negar a nacionalidade a quem não exagere traços míticos arianos.

Essas identidades, mais estritas e restritas do que as nacionais, se fundam no sofrimento. O *pathos* é seu cimento. A ideia de que *só eu sei quanta dor eu passei*, ou *ninguém sabe o duro que eu dei*, saiu da canção popular e da intimidade amorosa, para amoldar a identidade minicoletiva: afirma-se que somente os membros de um grupo podem falar dele, porque apenas eles sabem de seu sofrimento; descarta-se, de uma só vez, tanto a imaginação quanto a razão, que permitem, a primeira, colocar-se alguém no lugar do outro, a segunda, entender o que é opressão. O *pathos* substitui o *logos* e, assim, também entra em crise o *dia-logos*: como dialogar, se todo sofrimento é um monólogo? A relação entre os grupos entra no modo de sucessivos monólogos, que jamais substituirão o diálogo. Com isso, dano colateral, também decai a arte da conversação.

Esse dispositivo aparece, curiosamente, dos dois lados do espectro político. Pelo lado reacionário, ele se sustenta numa negação da verdade e da realidade, que toma como alvo cientistas e jornalistas, uns porque decifram os fenômenos, outros porque narram fatos. O negacionismo vem junto com a vitimização de europeus e brancos – assim como, na Índia, de hinduístas; formulam-se diferentes versões da "grande substituição": os povos dominantes nas respectivas regiões estariam sendo trocados, por um ingresso em massa de imigrantes, negros, latino-americanos e árabes, num caso, ou de muçulmanos na União Indiana. Essa substituição espolia a maioria prévia, tanto de suas propriedades quanto de seus valores – daí que ela sofra, e que se indigne porque os poderes não se condoam dela. Joga-se assim com um sentimento de esbulho.

Pelo lado progressista, a justa defesa de direitos aos historicamente esbulhados se acompanha da negação, por exemplo aos homens brancos de classe social abastada e heterossexuais, do direito de compreender e entender o sofrimento dos historicamente oprimidos. Essa recusa se baseia em algo falso: sempre houve nas elites quem compreendesse, entendesse e defendesse os oprimidos. Poucas, aliás, foram as lutas bem-sucedidas dos humilhados e ofendidos que não tiveram aliados entre os traidores da classe dominante. Mas agora essa adesão, por vezes decisiva, se torna malvista. Assim chegamos a uma inversão de posições; não é raro ler hoje, nas redes sociais e até em jornais, quem diga dos homens o que os piores dentre eles diziam de mulheres: que lhes faltaria capacidade intelectiva ou moral; essa afirmação, que com razão merece repúdio se for voltada contra os oprimidos, parece ser normalizada quando se dirige a quem parece expressar uma posição de poder.

O termo *lugar de fala* assume papel curioso, neste quadro. Aparentemente, veio à tona em 1971, quando filósofos como Foucault, Deleuze, Rancière criaram o Grupo de Informações Prisões, na França. Sua ideia era não falarem em nome dos presos, mas viabilizarem a palavra deles. Pouco tempo depois, em seu *Pierre Rivière* (1973), Foucault se recusaria a explicar ou contextualizar o que disse esse parricida do século XIX. Por coincidência ou não, no começo dessa mesma década a Conferência Nacional dos Bispos do Brasil editara um documento com o título de *Nós somos a voz de quem não tem voz*, utilizando sua relativa imunidade ante a ditadura para defender as multidões oprimidas do País. Os dois registros de fala eram legítimos, mas com uma clara linha divisória: o que era necessário e digno num regime de exceção – usar os privilégios de uns para defender os direitos negados a muitos – não vale numa democracia, onde o correto não é falar em nome de, mas dar a palavra aos oprimidos, ou ouvi-los.

Contudo, nos últimos anos, a afirmação legítima de um lugar de fala se tem confundido com a negação desse lugar a quem não se legitime pelo *pathos*. Apenas o sofrimento autorizaria o discurso. Todo discurso se torna depoimento na primeira pessoa – e um depoimento baseado numa dor. Quem não sofreu não sabe de que fala. A fala somente é lícita quando traduz em palavras uma mutilação real ou simbólica. Em última análise, quem não sofreu, em especial no próprio corpo, não tem conhecimento do que constitui as pautas da justiça. A ética se subordina ao padecimento. Se em nosso tempo é imperioso ética e politicamente promover uma igualdade de direitos e de oportunidades, se as discriminações preconceituosas do passado devem ser liquidadas – o que é corretíssimo –, disso se extrai, porém, que somente quem passou por elas pode falar a respeito.

É isso o que entendo quando afirmo que o *logos* está se tornando dependente do *pathos*. Não é o mesmo que elevar o *pathos* a *logos*, caso em que este consegue traduzir em palavras o sofrimento; esse trajeto – transformador – é altamente positivo, tanto para quem antes sofria sem palavras quanto para quem brandia palavras sem densidade: o sofrimento convertido em discurso é um discurso melhor. Mas nem todo discurso que trate de sofrimentos precisa se legitimar por uma marca de dor no corpo ou na alma.

Na verdade, superar o sofrimento pode acabar justamente por in*corpo*rar a dor, metamorfoseando-a em vida, fazendo que sua cicatriz se absorva num organismo regenerado. Lembremos a frase de Hegel, segundo a qual "as feridas do espírito se curam sem deixar cicatrizes" (*Fenomenologia do espírito*, 1807), mas troquemos o espírito pela psiquê; diremos então que a dialética, por ser pacificadora e curativa[3], como entendeu Gérard Lebrun, oferece que o movimento mesmo da vida ponha fim ao sofrimento; transpondo do espírito para o psíquico, diríamos que o *logos* redimiria o *pathos*. (Lebrun, nietzschiano, entende que a pacificação dialética desmerece o valor do vivido; mas na verdade, para Hegel, ater-se ao sofrimento é fazer do que seria etapa uma estase, uma paralisia; quem se apega às próprias dores estagna a própria vida).

Haverá uma ligação necessária entre essa adicção ao *pathos* e a dissolução do *demos* em pequenos *demoi*, em grupos que são tão coesos internamente quanto desvinculados dos outros grupos ou indivíduos? Parece-nos que a força do *minidemos* está justamente nessa hipóstase de um sofrimento constitutivo de cada um deles; daí que ele não possa abrir mão de sua dor distintiva: ela é sua identidade. Mas isso incapacita o diálogo: teremos, em vez dele, um sem número de monólogos. Daí que, não raro, tenhamos sucessivos testemunhos, na primeira pessoa, de dores que se somam, mas sem produzirem história, sem construírem futuro. Em suma, não se sai da primeira pessoa – quando muito se passa ao seu plural, mas sem conseguir um diálogo, que se sustenta na segunda pessoa, ou um discurso, que fala de um referente, ou seja, de uma terceira pessoa.

Em outras palavras, a insistência nas identidades particulares faz perder o sentido comum da humanidade, tema que apontei num artigo meu já antigo[4], e que infelizmente apenas se confirmou: não existem mais questões que desafiem todas as pessoas numa sociedade. Os jornais, antigamente, tinham poucas manchetes; cada uma delas pretendia falar a todo e qualquer um; hoje, a capa de um diário ou sua *home page* mostram dezenas de notícias, cada leitor tendo seu nicho. O matutino e, mais ainda, o vespertino interpelavam; assim, formavam um público[5]; hoje, são tantos os públicos que não sobrou público.

Pois pode haver sociedade sem referentes comuns? Para dialogarmos, precisamos estar de acordo quanto a certos fatos, chamemo-los de verdades, ainda que num sentido bem humilde (a Terra é redonda, o dia está quente ou frio, Fulano ganhou a eleição), e alguns valores básicos (não mate, não roube, não minta). Eles perderam-se. Até mesmo o que seria mera chacota, o terraplanismo, tem seus adeptos. Ora, não há sociedade sem diálogo; e não haverá diálogo sem esse acordo elementar sobre alguns fatos e valores. Podemos divergir nas interpretações; podemos avaliar diferentemente cada fenômeno de nossas vivências, mas pelo menos elas precisam receber um nome comum. Ao invés disso, porém, dissolvemo-nos num nominalismo radicalizado. Exemplo disso é a atribuição de todos os males do mundo, no Brasil, ao aborto e às questões de gênero e, na Europa, à imigração. Com isso, a própria experiência pessoal é devastada pela ideologia: como no município de Gales que aprovou o Brexit por medo aos imigrantes, sendo que nenhum estrangeiro morava ali e que, pior até, imediatamente perdeu os subsídios generosos que lhe dava a União Europeia. A negação da realidade traz resultados – reais – bastante ruins.

É possível que toda essa situação esteja bastante agravada pela crise que começa em 2008, à qual já me referi. A perda de inúmeros postos de trabalho pelo mundo significa a falta de futuro para enormes multidões, que por sua vez se apegam, como modelo explicativo, a identidades fáceis. Responsabilizar pela pobreza relações sociais, fatores econômicos, requer uma sofisticação que é mais bem substituída pela culpabilização do Outro, do Diferente. Esse papel, que era do judeu, é hoje do árabe, do negro; no Brasil, às vezes é do nordestino, outras vezes, de quem não entra na heteronormatividade. Em vez do raciocínio, teremos o protesto, a indignação. Aliás, do lado progressista essa perda do senso comum leva também a substituir parte da produção científica pela reivindicação. Em suma, a crise da democracia, hoje ameaçada pelos extremismos de direita, é também uma crise da vida social, daquilo que os teóricos chamavam de *Gesellschaft*, "a sociedade", com suas tensões e contradições, que lhe dão vida e, graças às diferenças, unidade – substituída pelo anseio de muitas *Gemeinschäfte*, "comunidades", em que se presume a unanimidade e as divergências são proibidas. Em suma, tudo isso augura mal para a permanência, não apenas da democracia, do "governo do povo, pelo povo e para o povo", mas da própria vida social.

Notas

1. Em seu The World: A Family History of Humanity, Londres, 2023.
2. Ver o clássico A invenção das tradições, de Eric Hobsbawm e Terence Ranger, 1983.
3. É essa a tese de Gérard Lebrun, em seu O avesso da dialética, que eu traduzi.
4. "A perda do referencial comum da humanidade: o avanço dos particularismos", de 1999, retomado in meu A boa política, São Paulo: 2017.
5. É significativo que o jornal Folha de S. Paulo, nos três últimos meses de 2022, tenha dado apenas duas manchetes de capa inteira, uma sobre a eleição de Lula à presidência, outra, sobre a morte de Pelé.

Referências

HOBSBAWM, Eric; RANGER, Terence. *A invenção das tradições*. Rio de Janeiro: Record, 1983.

LEBRUN, Gérard. *O avesso da dialética*. São Paulo: Companhia das Letras, 1988.

MONTEFIORE, Simon. *The world*: a family history of humanity. Londres: W&N, 2023.

RIBEIRO, Renato Janine. *Duas ideias filosóficas e a pandemia*. São Paulo: Estação Liberdade, 2020.

RIBEIRO, Renato Janine. *A boa política*. São Paulo: Companhia das Letras, 2017.

RIBEIRO, Renato Janine. *A sociedade contra o social*. São Paulo: Companhia das Letras, 2000.

Tarso Genro
Ex-ministro da Educação e ex-governador do RS

Utopia em pânico e linguagem do desastre

Resumo: Este texto analisa os caminhos e crises das utopias modernas, projetos políticos nascidos do racionalismo que apontavam para novos tipos de organização social. O que resta como grande tarefa humanista e democrática do século XXI?
Palavras-chave: utopia, projeto, política, modernidade, humanismo.

Résumé: Ce texte analyse les chemins et les crises des utopies modernes, des projets politiques nés du rationalisme qui pointaient vers de nouveaux types d'organisation sociale. Quelle peut être la grande tâche humaniste et démocratique du XXIe siècle ?
Mots-clés: utopie, projet, politique, modernité, humanisme.

Abstract: This article analyzes the paths and crises of modern utopias, political projects born from rationalism that pointed to new types of social organization. What remains as the great humanist and democratic task of the 21st century?
Keywords: utopia, project, politics, modernity, humanism.

A grande revolução filosófica e técnica iniciada com o Renascimento influiu por inteiro na cultura e na política europeia a partir do século XVIII (Saraiva, 1965). Galileu, Newton, Descartes, Bacon, Locke compuseram um grupo de notoriedades que afluíram no terreno ideológico, cuja violenta e demorada polêmica marcou fim do reinado das escolásticas em Portugal. Este fim de era, em toda a Europa, teve reflexos de maior ou menor intensidade em todas as regiões coloniais do continente americano[1], que permanecem vivos em todo o século XX.

A emergência do cientificismo positivista gerou um enorme cardápio de soluções políticas e filosóficas que justificaram e fundamentaram os projetos de revolução, reação, nação e reformas, no curso do século. O fascismo, o comunismo, o socialismo, a república democrática nos séculos XX e XXI – em todas as suas nascentes e descendências – serão filhos do racionalismo moderno, cujos discursos e narrativas políticas percorreram estes tempos.

O marxismo como anunciador da revolução proletária e o nazifascismo – assentado na ideia da superioridade nacional e da seletividade racial – são os projetos racionais modernos que adquiriram grande força política e cultural no século XX. Na direita extrema – de uma parte – com as suas diversas formas de fascismo e – de outra parte – "à esquerda", marxismo e nazifascismo municiaram os dramas do século, ao mesmo tempo que acompanharam a ascensão política comunista e social-democrata, contra os modelos tradicionais de democracia burguesa, tanto dentro como fora dos parâmetros da democracia liberal.

A grande novidade nas narrativas políticas da segunda metade do século XX projetada no século XXI é a visão de mundo do fundamentalismo religioso no Ocidente, que incidiu sistematicamente, no discurso político do período, sobre as posições extremas da direita. Ele aflora nos poros da ordem vigente e se torna – também – um amplo movimento político que corteja os pobres, os deslocados, os excluídos do novo mundo do capital, nos países do capitalismo mais avançado, assediando uma parte significativa das "classes médias" urbanas.

Sua influência e a "ascensão espetacular dos (seus) fundamentalismos não guarda mistério – como assevera Bauman (2005) – está longe de ser intrigante ou inesperada. Feridos pela experiência do abandono, homens e mulheres desta nossa época suspeitam ser peões no jogo de alguém, desprotegidos dos movimentos feitos pelos grandes jogadores e facilmente renegados e destinados à pilha de lixo, quando estes acharem que eles não dão mais lucro".[2]

Wittgenstein, dito como filósofo da linguagem – assenta que a linguagem molda o real e faz parte da sua estrutura – e assim serve-se da concepção de “jogo”, para limitar e, noutro sentido, ampliar proposições do conhecimento: “Jogar-se [para ele] consiste em empurrar coisas, segundo certas regras, numa superfície” [...] e diz: “Você parece pensar nos jogos de tabuleiro, mas nem todos os jogos são assim. Você pode retificar sua explicação, limitando-a expressamente a esses jogos” (Wittgenstein, 1999)”.[3] Os jogos dos fatores de produção no capitalismo industrial encaminham-se para os espaços virtuais dos novos jogos financeiros da acumulação privada que, com as mutações tecnológicas e os novos processos do trabalho, permitem que tudo que é sólido se desmanche nas redes.

Nos atuais contextos de crise o discurso do fascismo e da extrema direita influíram mais facilmente nos comportamentos político-sociais de uma vasta parte da população de baixa renda, que vivem no limite do desespero. Os discursos da esquerda, da extrema esquerda e da democracia liberal, porém, tiveram dificuldades de incidirem no senso comum, não só por serem mais complexos, mas igualmente por incapazes de se adaptarem à subjetividade líquida da nova sociedade em formação.

Quando os debates sobre a crise da ideia socialista e da democracia ainda não estavam totalmente integrados Ernildo Stein – no seu *Órfãos de Utopia* – escreveu que podemos vincular a nossa reflexão sobre o problema da decadência do socialismo e das esquerdas ao problema do que eu chamo da utopia moderna e da melancolia (Stein, 1999).[4] Utopia e melancolia, porém, não são pares necessários, já que a utopia se ergue sobre ideias de exaltação do espírito humano em direção a fins ideais inalcançáveis (ou só parcialmente alcançáveis) e a melancolia pode emergir exclusivamente de uma carência do espírito específica, cujas inúmeras determinações não são necessariamente político-sociais.

A falta de categorias simbólicas comuns na fala dos dirigentes dos partidos (como partes determináveis) na modernidade, para que os seus projetos se comunicassem na superfície dos jogos da política ensejou – seja por impossibilidade de negociação, seja por sujeição de um dos lados mediante o uso da força – um bloqueio dialógico entre os atores políticos dos grandes Estados capitalistas do século passado. Em duas oportunidades estes dilemas se resolveram pelas guerras imperialistas, gerando duas vertentes de conflitos que se retroalimentam até hoje: de um lado, as vertentes das contradições entre o nazifascismo e as democracias liberais – estas aliadas de forma contingente ao comunismo, contra o nazismo, em função do cenário global de guerra; de outro lado, também acendendo “apetites” imperialistas, logo contradições em série – entre as nações dominantes – cujas disputas coloniais-imperiais permanecem vivas.

A crise da utopia, no plano da subjetividade militante, não é estranha ao marxismo de Benjamin, como crise de *uma das formas* de melancolia na história da modernidade madura. Ela é crise que versa não somente sobre o socialismo perdido, cujas raízes culturais se estruturavam sobre as dedicadas defesas de uma nova civilização mundial proletária, mas também versaram sobre a disfuncionalidade do sovietismo, incapaz de superar as luzes fulgurantes da sociedade de mercado.

A educação, acesso à cultura, à saúde e ao emprego estatal geraram milhões de consumidores na URSS, cujos cidadãos tinham acesso a invariáveis produtos para consumir, dentro de um certo tipo de carência organizada pela burocracia, mas cujas condições de vida não abriam oportunidades para a realização do mundo idealizado pelo projeto socialista originário.

Foi natural, portanto, que as grandes mudanças que implodiram as narrativas históricas do século passado introduzissem – face ao novo modo de vida fragmentário e mercantilizado do mundo mudado – novas linguagens capazes de, ao mesmo tempo, chancelarem e fazerem evoluir novas formas de dominação política, de exploração cultural e pesquisa intelectual. Estas narrativas, cuja linguagem – como maneira de dizer coisas e transmitir visões de mundo através de leituras, textos, falas políticas expressas no cotidiano – com suas imagens, consumos de entretenimento, gestos e ícones da vida comum produz os sentidos, através dos quais tanto nos vinculamos espontaneamente aos fragmentos como buscamos conscientemente a totalidade.

Neste quadro a nova linguagem dominante na direita extrema foi capaz de buscar definições mais simples e diretas, sobre os "limites" do que é real e o que é irreal. Ela assentou-se sobre as cambaleantes percepções dos novos modos de vida em gestação, onde o virtual e o real poderiam ser escamoteados por discursos que sucateiam os conceitos do que era (e é) a *verdade* e a *mentira*, o *erro* e a *distração*, o *acerto casual* e a *invenção genial*. As teorias dominantes originárias da ilustração, sustentadas num ponto de partida metodológico sólido para que a subjetividade moderna compreendesse o mundo como um conjunto coerente de classes, guerras, revoluções e consciência de direitos, funcionaram, então, até um certo momento.

O seu pensamento crítico, todavia, a partir da situação posta pelas novas formas de fragmentação social, perdeu sua coerência com a destruição das bases materiais e culturais da era industrial, momento em que o seu discurso não mais conseguiu disfarçar sua debilidade para superar – dentro da democracia liberal – a realidade econômico-social e política do capitalismo maduro. É o momento que o discurso do racionalismo moderno se tornou mais incompreensível para o senso comum, incapaz de revolucioná-lo e abriu espaços para um novo tipo de irracionalismo.

Wittgenstein (1889-1951) dizia que "o sujeito não pertence ao mundo, mas é o limite do mundo", usando duas imagens-chave (ou metáforas), que caracterizaram duas fases distintas de sua elaboração filosófica e viu a linguagem como "espelho do mundo" e após a linguagem como "conjunto de jogos de linguagens". Esta distinção não era precisamente nova para aproximar o discurso sobre o mundo supostamente real, ali idealizado como mundo dos jogos. No entanto, para Wittgenstein "tudo é como é e acontece como acontece, logo, não há valor e, se houvesse, o valor não teria valor". Nada do humanismo revolucionário das luzes, portanto, é considerado perdido, pois para ele não há nenhuma herança a distribuir.

Na visão do filósofo, em ambas as possibilidades, a linguagem fundava um novo real, ao mesmo tempo mais simples – porque substituía o real como "reflexo" a ser trabalhado pelo entendimento humano – e igualmente mais complexo, porque abandonando a complexidade a sua própria sorte (hoje já programada pelos desígnios dos códigos, máquinas inteligentes e conexões integradas infinitas) seria recomendável desistir de qualquer solidez do legado humanista.

O primeiro conceito aproximava Wittgenstein da "teoria do reflexo", pela qual a subsunção do real, entendida apenas como refletiva, evidentemente não é o real. No segundo conceito, todavia, está tanto uma conexão da linguagem na sua "interatividade" linguística como a sua interação com outras atividades das "práxis". Assim, o filósofo valeu-se de duas imagens ou metáforas, que podem servir para representar as duas fases do seu pensamento: no "Tractatus" predomina a ideia da linguagem como espelho do mundo, já na sua obra "Investigações", a noção de jogo é introduzida para explicar a linguagem como um conjunto de jogos de linguagem.

Este último conceito, que o filósofo começou a desenvolver como tópico principal da primeira parte do *Caderno Marrom* (1934-5), vem de um trabalho preparatório ao "Investigações", onde o conceito de "jogo de linguagem" é amplamente metafórico. Segundo Joachim Schulte, "este conceito pretende enfatizar os aspectos interativos da linguística (com) outras atividades (Bomfoco, 2000)".[5]

No novo mundo fragmentário – como nova realidade espiritual e material – esta interação seria mais difícil, pois ficaria aberta a um forte impulso para novas experiências subjetivas, ainda não de todo compreendidas (Habermas, 2000)[6]: ali estava uma nova experiência de "concreção" do real, que não seria mais buscado como um "concreto pensado" (através das categorias racionais do iluminismo) mas como um real fluído, não apreensível como totalidade. São, assim, as novas sensações do saber fundadas na linguagem que geram os fluxos de emotividade, sinalizações e dados, sensações e falsos enunciados, por vezes apoiados em devaneios anárquicos, que, por seu turno, não raro suscitam experiências morais de perversão em série.

São, em regra os pseudoconcretos (Kosik), as falsas objetividades através de falas simbólicas que compõem os concretos falsos – *fakes* – são falsos reais desenhados com poucas palavras e poucas sentenças coerentes, por impulsos impressionistas que, no conjunto, geram fenômenos não hierarquizados, nunca essências dotadas de coerência para informar de maneira racional os discursos, nos grupos de indivíduos vinculados nas redes sociais.

Tal processo implica, também, que as técnicas voltadas à formação do consumo no capitalismo turbinado estimulem mais indiferença do que interesse, em relação a qualquer reflexão de conteúdo, já que estas técnicas são destinadas a promoverem atos humanos sem volição, aparentemente dotados de uma espontaneidade animal. Esta chega até o ponto em que o "luxo" (como a aparência de pobreza, por exemplo) torne-se exibicionismo nas classes altas e também no consumo popular (Molinuevo, 2000)[7], e estimulem a aparência de pobreza, fruída como moda nas classes altas e tornando-se chique para todos, então adotada como ousadia nos costumes.

Embora tudo isso já tivesse começado nos anos 1980, o discurso da "linguagem iluminista, segundo o qual a sociedade e o seu desenvolvimento só podem produzir atos de vontade consistentes (previsíveis) quase que como nas ciências naturais"[8], vai se esvaindo e os movimentos de esquerda tradicionais – reformistas ou revolucionários –, bem como os seus programas destinados ao consumo das suas bases políticas, vão se fragilizando. As propostas tradicionais do campo socialista ou liberal-democrático, portanto, agora já se aproximam do limite da sua sobrevida, fato histórico que já bloqueia tanto a utopia liberal-democrática da paz social pela força do mercado como gera confusão, pânico e impotência na esquerda socialista.

No período histórico que foi "caracterizado como a era da informação, onde nos deparamos com a possibilidade de interação com os novos aparatos tecnológicos, que estabelecem novas formas de comunicação entre as pessoas e das pessoas com as coisas" (Branco, 2005)[9] – sem compreendê-los integralmente – vivenciamos uma revolução na linguagem. Ela tem como projeto, para a direita extrema, dar coerência a discursos negacionistas relacionados tanto com a ciência como a política, bem como universaliza o uso das novas tecnologias de informação e de comunicação. Na ciência emergiu o negacionismo científico néscio e, no plano "político" mais estrito, a simplificação mecânica do real, que facilita a violência extremista do fascismo.

As consequências mais visíveis deste fim de ciclo – que ainda esperam um conceito mais complexo para esclarecê-lo – mostram que a "ligação universal entre a austeridade e a repressão política – por exemplo – que não foi ocultada sob o fascismo em diversos países [...] revela que (também) na democracia, o tratamento econômico dado aos cidadãos italianos – outro exemplo de austericídios – não era tão diferente daquele que os especialistas britânicos imaginavam para o seu próprio povo. Embora diferentes na implementação, os tecnocratas italianos e britânicos partilhavam um objetivo comum: impor sacrifícios à maioria do público" (Mattei, 2023)[10] dominado na sua alteridade por novos significados da razão. Schopenhauer é superado por Elon Musk, na tradução "popular" da filosofia burguesa, assim como os berros racistas contra Vini Junior tornaram-se um poderoso instrumento neofascista, para atentar contra a debilitada ordem legal do Estado de Direito.

Alteridade, revolução e reforma deixaram de ser soluções de compromisso que caracterizavam ecleticismo filosófico, associado às correntes modernas do pensamento crítico, cuja superação ergueu um "novo movimento ecumênico auspiciado por alguns movimentos religiosos fundamentalistas, cuja dialética interna é dotada de um sistema categorial sectário, capaz – ao mesmo tempo – de permitir que as diferenças ideológicas coexistam abertas a um contraste, que é fundido mitificado na suposta palavra de Deus" (Quintanilla, 2000)[11], interpretada segundo as necessidades concretas da luta política.

É a hipótese em que as linguagens, os discursos e as narrativas são os retratos fragmentados da consciência que, implodindo as falas tradicionais, interferem na História com laços universais, anunciando a possibilidade de uma crise civilizatória sem precedentes. No mundo real isso está respaldado pelo "crescimento do desemprego e (as) situações de precariedade laboral, que criam (não só) um mau ambiente de trabalho, inimigo de uma boa informação construtiva" (Villasante, 2022)[12], como geram uma subjetividade impotente, mais comutativa e propensa a aceitar quaisquer morfinas que aparentemente dão sentido ao mundo real e tedioso, das promessas inalcançáveis e dos consumos impossíveis.

As consequências deste fim de era ainda não são visíveis de todo, mas pode-se dizer – com razoável margem de segurança – que os seus primeiros efeitos histórico-universais, se a democracia ou a revolução não derrotarem a barbárie, é que surgirá um Estado Total global de natureza francamente privada, sem qualquer pudor ou discrição. Desta feita este poder terá como resultado uma soberania "novo tipo": sua nova ordem normativa será o fluxo informativo e comunicacional de uma rede de empresas – reais e virtuais – em cujos "nós" inteligentes estarão os comandos da nova soberania, imposta contra os Estados nacionais modernos.

Seus líderes, como Elon Musk, não serão mais os políticos da tradição liberal-democrática, social-democrata ou socialista, mas os "clowns" de um poder inteligente – supremo e difuso – que se imporá sobre o nosso cotidiano como hábito, regra, consumo e convívio tribal, como pânico pela perda das utopias combinado com a vitória da linguagem do desastre. A grande tarefa humanista e democrática do século XXI é a reversão desse processo aparentemente irreversível: tarefas da inteligência, de um consenso político superior, cuja liderança é atribuível a homens e mulheres dotados de memória histórica do que foi o nazifascismo e de um fulgor e brilho muito superior ao que lhes oferece a sua própria época.

Notas

1. Saraiva, António José. História da literatura portuguesa. Lisboa: Publicações Europa-América, 8ª edição, 1965, p. 94-97.
2. Bauman, Zygmunt. Identidade: entrevista a Benedetto Vecchi; tradução de Carlos Alberto Medeiros. Rio de Janeiro: Jorge Zahar ed., 2005, p. 53.
3. Wittgenstein, Ludwig. Investigações Filosóficas. Tradução de José Carlos Bruni. São Paulo: Nova Cultural, 1999, p. 10-11.
4. Stein, Ernildo. Órfãos de Utopia: a melancolia da esquerda. Porto Alegre: Ed. Universidade /UFRGS, 1993, p. 45.
5. Bomfoco, Marco Antônio. Introdução à linguística. Porto Alegre: Brejo-bibliobureau, 2012, p. 97-98.
6. Habermas, Rorty y Kolakowski. In: Niznik, Józef; Sanders, John T. (ed.). Debate sobre la situación de la filosofía. Madrid, Espanha: Ediciones Cátedra,S.A., 2000, p. 29. "... Los significados simbólicos ya no dependen de la objetivación de la experiencia subjetiva. Por el contrario, hunden sus raices en el lenguaje y se erigen sobre sus propios pies gramaticales. Que los limites de nuestro lenguaje sean los limites de nuestro mundo es tan cierto para Heidegger como para Wittgenstein ..."
7. Molinuevo, José Luis. Ortega y la posibilidad de un huma-

nismo tecnológico. Revista de Ocidente nº 228. Madrid, España: Edita Fundación José Ortega y Gasset, 2000, pg. 8.

8. Kurz, Robert. O duplo Marx. Disponível em: <http://www.obeco-online.org/rkurz8.htm>. Acesso 11 de marco de 2024. "...Ainda se ouve aqui, candidamente, a linguagem da filosofia iluminista, segundo a qual a sociedade e o seu desenvolvimento se podem reduzir a actos de vontade conscientes, quase como nas ciências naturais..."

9. Branco, Marcelo. Software Livre e Desenvolvimento Social e Econômico. In: Castells, Manuel; Cardoso, Gustavo (org.). A Sociedade em Rede: do conhecimento à Acção política. Belém.: Imprensa Nacional – Casa da Moeda, 2005, p. 227.

10. Mattei, Clara E. A Ordem Do Capital - Como Economistas Inventaram a Austeridade e Abriram Caminho Para O Fascismo. Editora: Boitempo Editorial, 2023.

11. Quintanilla, Miguel Ángel.- La tecnología como paradigma de acción racional. Revista de Ocidente nº 228. Madrid, España: Editora fundación José Ortega y Gasset, 2000.

12. Villasante, Tomás R.; Tradutor: Soares, Carlos Alberto S. Netto. Redes e alternativas: estratégias e estilos criativos na complexidade social. Petrópolis, RJ: Editora Vozes, 2022, págs. 157/158. "A capacidade de trabalho, dado o crescimento do desemprego e das situações de precariedade laboral, cria um mau ambiente de trabalho, inimigo de uma boa informação construtiva."

Referências

BAUMAN, Zygmunt. *Identidade*: entrevista a Benedetto Vecchi. Rio de Janeiro: Jorge Zahar, 2005.

BOMFOCO, Marco Antônio. *Introdução à linguística*. Porto Alegre: Brejo, 2012.

BRANCO, Marcelo. Software livre e desenvolvimento social e econômico. *In*: CASTELLS, Manuel; CARDOSO, Gustavo (org.). *A sociedade em rede*: do conhecimento à acção política. Belém: Imprensa Nacional-Casa da Moeda, 2005.

HABERMAS, Rorty y Kolakowski. *In*: NIZNIK, Józef; SANDERS, John T. (ed.). *Debate sobre la situación de la filosofía*. Madrid: Ediciones Cátedra, 2000.

KURZ, Robert. *O duplo Marx*. Disponível em: http://www.obecoonline.org/rkurz8.htm. Acesso: 11 de marco de 2024.

MATTEI, Clara E. *A ordem do capital*: como economistas inventaram a austeridade e abriram caminho para o fascismo. São Paulo: Boitempo, 2023.

QUINTANILLA, Miguel Ángel. La tecnología como paradigma de acción racional. *Revista de Occidente*, Madrid, n. 228, p. 53-74, 2000.

MOLINUEVO, José Luis. Ortega y la posibilidad de un humanismo tecnológico. *Revista de Occidente*, Madrid, n. 228, p. 5-18, 2000.

SARAIVA, António José. *História da literatura portuguesa*. 8. ed. Lisboa: Publicações Europa-América, 1965. Coleção Saber.

STEIN, Ernildo. *Órfãos de Utopia*: a melancolia da esquerda. Porto Alegre: Editora da Universidade/ UFRGS, 1993.

VILLASANTE, Tomás R. *Redes e alternativas*: estratégias e estilos criativos na complexidade social. Petrópolis: Vozes, 2022.

WITTGENSTEIN, Ludwig. *Investigações filosóficas*. São Paulo: Nova Cultural, 1999.

Cristiane Freitas Gutfreind
Pontifícia Universidade Católica do Rio Grande do Sul

O documentário político no Brasil contemporâneo

Resumo: Busca-se compreender como o documentário brasileiro contemporâneo se apropria das imagens sobre a ditadura civil-militar (1964-1985) para configurar a narrativa em conflito sobre o político e revelar antagonismos do presente. Os filmes, que se transformaram ao longo dos anos, contemplam um esforço memorialístico e indagam sobre a subjetivação dos sujeitos envolvidos e do seu espaço social.
Palavras-chave: documentário, ditadura militar, conflito, cinema, Brasil.

Résumé: Ce texte cherche à comprendre comment les documentaires brésiliens contemporains s'approprient des images de la dictature civilo-militaire (1964-1985) pour configurer un récit conflictuel sur le politique et révéler les antagonismes du présent. Les films, qui se sont transformés au fil des années, envisagent un effort mémoriel et interrogent la subjectivation des sujets impliqués et leur espace social.
Mots-clés: documentaire, dictature militaire, conflit, cinéma, Brésil.

Abstract: This article seeks to understand how contemporary Brazilian documentaries appropriate images of the civil-military dictatorship (1964-1985) to configure a conflicting narrative about politics and reveal the present

day antagonisms. The films, which have transformed over the years, contemplate an effort to recuperate historical memories and inquire into the subjectivation of those subjects involved and their social space.
Keywords: documentary, military dictatorship, conflict, cinema, Brazil.

No ano em que o golpe militar completa 60 anos temos uma extensa filmografia[1] sobre a ditadura militar no Brasil (1964-1985) retratada em diferentes formatos e estilos. Após as manifestações de junho de 2013 e o golpe parlamentar de 2016, a ditadura esteve presente não apenas em filmes restritos à temática[2], mas também em documentários sobre o golpe mais recente e sobre as manifestações políticas que evidenciam a iminência do autoritarismo no país. Constata-se que os filmes sobre a ditadura, ao longo dos anos, foram se transformando no que diz respeito às formas de representação e às estratégias estéticas, principalmente a partir dos anos 2000, quando temos um aumento significativo na produção de documentários devido aos incentivos à fileira cinematográfica (produção, realização e exibição), a democratização tecnológica e, consequentemente, a busca pela apreensão do real. Assim, os registros imagéticos sobre a ditadura podem ser divididos em três formas distintas de representação. A primeira, concentra, em sua maioria, os filmes produzidos no início da década, caracteriza-se por narrativas didáticas como se ainda precisassem contar a história, informar ao espectador sobre o acontecimento e incrementar o imaginário com imagens distintas das amplamente conhecidas e divulgadas nos livros de história e na mídia, como shows de protestos ou pessoas fugindo da violência policial. A título de exemplo destacam-se os documentários *Vlado, 30 anos depois* de João Batista de Andrade, realizado em 2005, e *Memórias Clandestinas* de Maria Thereza de Azevedo, de 2004. Nessas imagens encontramos com frequência cartões informativos mesclados a uma narrativa explicativa com recursos como plano e contraplano para ressaltar a emoção no espectador e a gravidade do acontecimento histórico.

A segunda forma de representação é marcada por mudanças no contexto histórico, político e social que contribuíram para transformações nas narrativas dos documentários. Tal fato se deve à estabilidade aos incentivos cinematográficos; ao interesse pela ditadura militar decorrente das várias datas históricas relembradas, como os 40 anos e os 50 anos do golpe militar; a efetivação de algumas medidas que contribuíram para que o acontecimento histórico não fosse esquecido, como a indenização às vítimas ou familiares que lutaram no período; e algumas discussões importantes que colaboraram de forma crucial para a reparação da história, como a abertura de parte dos arquivos políticos e a criação da Comissão Nacional da Verdade (instituída em maio de 2012 e finalizada em dezembro de 2014)[3], que trouxe à tona alguns esclarecimentos sobre desaparecidos políticos e depoimentos públicos de torturadores. As mudanças políticas foram acompanhadas pelas estratégias estéticas nos filmes, o que corrobora a teoria de Kracauer (1997) de que as imagens cinematográficas são um sintoma da história e ao mesmo tempo servem como documento de um determinado período. Os filmes tornaram-se menos didáticos, mais subjetivos, revelando aspectos íntimos e de reparação histórica, como nos documentários *Diário de uma busca* (Flávia Castro, 2010) e *Cidadão Boilesen* (Chaim Litewski, 2009). Ambos os filmes são definidos como os responsáveis pela importante virada na perspectiva estética de imagens sobre a temática, permitindo ao espectador elaborar um processo de rememoração pela construção entre o passado e o presente por meio de narrativas diversificadas sustentadas por arquivos variados.

No entanto, em 2016, o golpe parlamentar que destituiu a presidenta Dilma Rousseff provocou uma grave instabilidade política, econômica e social que afetou drasticamente os incentivos à produção cinematográfica e promoveu o aniquilamento das políticas públicas de reparação histórica, determinando uma outra forma de representação cinematográfica sobre o regime autoritário com filmes sobre o golpe parlamentar em que a ditadura aparece como personagem dos antagonismos políticos e ideológicos vigentes no país. Documentários como *Democracia em vertigem* (Petra Costa, 2019) e *O Processo* (Maria Augusta Ramos, 2018) se destacam nesse período. A consequência do golpe foi o desencadeamento de uma grave crise econômica, acentuando a concentração de riqueza e um expressivo retrocesso nas práticas culturais e sociais, deflagrando uma intolerância deliberada às diferenças de crença, gênero e raça, à orientação sexual e aos posicionamentos políticos dos indivíduos. Esse cenário consolidou o bolsonarismo[4] como fenômeno político de extrema direita (Nobre, 2022 e Miguel, 2022). O período histórico ditatorial passou a ser enaltecido, incluindo a referência a torturadores, mas, sobretudo, incitando manifestações que demandam pela instauração de um regime autocrático implementado com apoio das forças armadas que deflagrou uma tentativa de golpe no dia 8 de janeiro de 2023 com graves ataques às instituições nacionais na capital do país após a posse do presidente Luiz Inácio Lula da Silva para exercer o seu terceiro mandato. Esse artigo pretende compreender, então, os processos narrativos e memorialistas na contemporaneidade por meio dos documentários sobre a ditadura militar para construir a escrita crítica da história. Para isso é feita uma reflexão sobre as diferentes formas de representação nos filmes realizados a partir dos anos 2000. Analisar os documentários contemporâneos permite identificar fenômenos políticos, definir e compreender a permanência de certos traços, estilos e escritos historicamente determinados, questionando a subjetivação dos sujeitos envolvidos e do seu espaço social, possibilitando, assim, a revelação ou denúncia da história-política. Refletir sobre documentários permite-nos entender as configurações do conflito político na imagem atual, marcada pelo filme ativista. Esse gênero documental tem como cerne uma causa política, social e ideológica como forma de revelar um acontecimento marcado por uma situação de injustiça. Os documentários propõem, então, uma discussão entre imagens do passado e do presente com o intuito de revelar a violência social da ditadura reatualizada no desafio de estabelecer a institucionalidade democrática.

Nas três formas distintas de representação presentes nos documentários sobre a ditadura, a narrativa também aparece de maneira diferenciada: 1) é restrita ao ponto de vista dos personagens/acontecimentos usando efeitos dramáticos para contar uma parte da história que foi ocultada; 2) a narrativa é contada ressaltando aspectos íntimos e subjetivos revelando a ambiguidade da memória e perspectivas diferenciadas da história; 3) a narrativa parte de imagens de arquivo da mídia para contar a história recente do país que tem a ditadura como espectro e o realizador como testemunha dos acontecimentos.

Na primeira forma de representação temos *Vlado, 30 anos depois*, filme emblemático desse formato estratégico. O documentário recupera a trajetória do jornalista Vladimir Herzog, a partir do depoimento de pessoas próximas ao jornalista, como familiares, amigos e colegas de trabalho que relatam as suas memórias para contar a versão dos acontecimentos que o levaram à tortura e morte nos porões da ditadura. A dramaticidade do filme está presente no som e no uso do close nos entrevistados alternando imagens de arquivo como forma de informar ao espectador sobre o acontecimento histórico.

Na segunda forma de representação, a narrativa é sustentada pelo uso de imagens íntimas e subjetivas formando um arquivo diversificado que tem retratos, cartas e diários para revelar a história. O narrador se torna parte integrante do filme entrelaçando as suas memórias com lugares, objetos e outras imagens. As várias perspectivas dessa forma de representação são observadas nos documentários, anteriormente citados, *Diário de uma busca* e *Cidadão Boilesen*.

Na terceira forma de representação, a narrativa é sustentada nas reminiscências do passado misturado ao momento político recente. Os registros da mídia, do parlamento, das manifestações nas ruas são editados com intuito de compreender a história do presente assombrada pelo passado da ditadura que se torna o protagonista da cena. Em *Democracia em vertigem*, a diretora usa imagens de arquivo alternadas às imagens sobre o golpe parlamentar para trazer à tona suas memórias de família sobre a ditadura. Em *O Processo* a destituição da presidenta Dilma Rousseff evoca a memória da ditadura pela trajetória da presidenta, mas também pelos parlamentares e manifestantes da direita e da esquerda. As imagens são do "ao vivo" da televisão e dos bastidores da presidente durante os dias que decorreram o julgamento do processo.

A memória se constitui, então, em um instrumento importante na análise da narrativa dos documentários, pois abarca um material fornecido ao longo do tempo pela história, carregando consigo justificativas para criar uma interpretação do passado. Nos documentários analisados a ditadura militar é elaborada pela reminiscência do íntimo e relações afetivas apresentadas através de distintas materialidades que procuram revelar, denunciar e reparar a violência da história.

Essas distintas formas de representar a narrativa demonstram a transformação do conflito entre o passado e o presente ao longo do tempo. Para Simmel (1995) o poder é a força propulsora dos conflitos, algo inerente às formas sociais, mas, ao potencializar as tensões e as injustiças sociais, é usado de forma manipuladora para ameaçar grupos contrários. Os documentários analisados colocam em cena este tipo de conflito e dão visibilidade aos fantasmas da história que assombram a realidade ainda hoje. Daí surge a relevância desses documentários, pois nos confrontam com a experiência de relatar a história para que o acontecimento não se repita.

No início da década os filmes apresentam o testemunho como uma estratégia estética recorrente se constituindo numa maneira de recuperar e certificar os dados da história sobre a ditadura. A partir de 2010, as adversalidades passam pelo subjetivo, pelas histórias de família e por seus acertos de conta íntimos, como nos filmes *Os Dias com ele* (Maria Clara Escobar, 2012), *Elena* (Petra Costa, 2013), além do já citado *Diário de uma busca*. Nestes filmes as relações familiares das realizadoras se misturam com a história da ditadura (o primeiro é uma filha que confronta o pai; no segundo, uma realizadora às voltas com a história da irmã; no terceiro é uma diretora em busca da história do pai), temos o passado tentando dar conta do presente por meio de reminiscências, busca pela própria história e confronto com a história institucional.

Por sua vez, os documentários que trazem o golpe parlamentar para a cena se inscrevem em uma luta com característica política e ideológica para denunciar uma situação injusta. A partir das manifestações da Primavera Árabe, o ativismo digital se estabeleceu como ação política reconfigurando esse gênero fílmico. No Brasil, essa mudança associada ao digital veio acompanhada das manifestações de junho de 2013 e do golpe parlamentar que ratificou a crise da democracia. Como efeito dessa mudança, o documentário político contemporâneo tem a ditadura militar no centro da sua narrativa, mas filmam a ruptura do processo histórico em meio ao acontecimento. Esses filmes selecionam situações, personagens e imagens da mídia que podem auxiliar na compreensão do que se passa no presente por meio de um conflito entre imagens que explicita os antagonismos e questiona o passado que não passa. O que vemos, em documentários desse período recente, é a revelação de um real ocultado, um quebra-cabeça que tem a herança da ditadura militar no centro de um jogo de adversalidade. Nesses filmes, se escolhe um lado das imagens, porém, o ativismo não passa pela escolha de uma causa e sim pelo confronto e revisão de erros do próprio presente. Tornam-se, assim, um meio de reparação e entendimento da história no momento do seu acontecimento. A narrativa sobre o político desvela o jogo do poder, revela uma injustiça e expõe a fragilidade institucional.

A análise dos documentários biográficos dos anos 2000 permite constatar que as estratégias estéticas acompanham as mudanças histórico-políticas. Se no início da década o filme testemunho se fazia presente para recuperar e certificar a história da ditadura, a partir de 2010 entram em cena as imagens íntimas e as reminiscências das realizadoras para reparar a história e, mais recentemente, o que se vê nas telas é o confronto e a revisão dos erros do presente para que os do passado não se repitam. Hoje, o cinema intervém no acontecimento imediato para que a história possa ser inferida.

No político o embate é imprescindível, porém, na atualidade, o antagonismo se sustenta no discurso de ódio. Este embate se dá, principalmente, na ação digital, que gerou um novo modo de fazer e compreender a política, por meio de relatos e imagens manipuladas por todos os lados. Entretanto, em meio à potência do ativismo digital, o filme político resiste como uma forma alternativa de ação com o intuito de realizar uma reflexão sobre o político, possibilitando a escrita crítica da história e a elaboração da memória. A análise das diferentes formas de representação dos documentários sobre a ditadura evidencia a fragilidade da democracia do país e o assombro dos valores autoritários.

Notas

1. No site do grupo de pesquisa Cinema e Audiovisual: Comunicação, Estética e Política (Kinepoliticom)/CNPq encontra-se a filmografia sobre a ditadura militar discriminada pelos distintos períodos históricos.
2. Filmes sobre a ditadura militar são entendidos como aqueles que a temática está no centro da narrativa, ou seja, filmes em que a ditadura aparece como mero elemento diegético não são classificados como tal.
3. Em 4 de julho de 2024 o governo Lula reinstalou a Comissão Especial sobre Mortos e Desaparecidos Políticos. Essa comissão havia sido extinta em dezembro de 2022 pelo governo de Jair Bolsonaro.
4. Movimento político de extrema direita a favor do autoritarismo, do neoliberalismo e de valores conservadores como o porte indiscriminado de armas, o negacionismo científico e o fundamentalismo cristão.

Referências

KRACAUER, Siegfried. *Theory of film*: the redemption of physical reality. Princeton: Princeton University Press, 1997.

MIGUEL, Luis Felipe. *Democracia na periferia capitalista*: impasses do Brasil. Belo Horizonte: Autêntica, 2022.

NOBRE, Marcos. *Limites da democracia*: de Junho de 2013 ao governo Bolsonaro. São Paulo: Todavia, 2022.

SIMMEL, Georg. *Le conflit*. Paris: Circé, 1995.

Rachel Meneguello
Universidade Estadual de Campinas

Vinte anos de tendências e percepções sobre a democracia e o sistema representativo no Brasil (2002–2022)

Resumo: Com base em 20 anos de *surveys* conduzidos pelo Centro de Estudos e Opinião Pública (CESOP/UNICAMP) em associação com o Comparative Electoral Systems Project (CSES), entre 2002 e 2022, o artigo mostra que há portas ainda abertas para os perigos autoritários e corrobora a inadequação das referências clássicas sobre os processos de democratização e consolidação democrática, que levaram a superestimar o êxito da construção da democracia brasileira.
Palavras-chave: democratização, confiança institucional, preferência democrática.

Résumé: Basé sur 20 ans de sondages menés par le Centre d'Études et d'Opinion Publique (CESOP/UNICAMP) en association avec le Comparative Electoral Systems Project (CSES), entre 2002 et 2022, l'article montre qu'il existe encore des portes ouvertes aux dangers autoritaires et corrobore l'inadéquation des références classiques sur les processus de démocratisation et de consolidation démocratique, qui ont conduit à surestimer le succès de la construction de la démocratie brésilienne.
Mots-clés: démocratisation, confiance institutionnelle, préférence démocratique.

Abstract: Based on 20 years of surveys carried out by the Center for the Study of Public Opinion (CESOP/UNICAMP) in association with the Comparative Electoral Systems Project (CSES), between 2002 and 2022. The article shows that doors remain open to authoritarian dangers and corroborate the idea that the classical references on democratization processes and democratic consolidation are inadequate, these have led to an overestimation of the success of the construction of Brazilian democracy.
Keywords: democratization, confidence in institutions, democratic preferences.

Embora a aspiração pela democracia como forma de regime seja uma referência ampla e disseminada por muitos países, as constantes ondas de recessão democrática desafiam a sua legitimidade e abrem um terreno significativo para as ameaças autoritárias e populistas. São várias as debilidades que comprometem as democracias consolidadas da Europa e América e, igualmente, as experiências da terceira onda de democratização na América Latina e outras regiões, como a ineficácia do Estado para respostas às crescentes demandas, a implementação de políticas de ajuste, a redução dos direitos e da proteção social, acompanhadas de ondas de mobilizações e manifestações autoritárias que redimensionam crenças e valores sobre a vida democrática, e que põem em xeque a eficácia do funcionamento das instituições. Esse processo está estreitamente associado às consequências da globalização sobre as democracias nacionais que, ao impactar sobre a capacidade de decisão das políticas econômicas e sociais, promovem efeitos significativos na sociedade, afetando os padrões de consumo, as aspirações e expectativas. Esse contexto objetivo que produz a presença de grandes contingentes de insatisfeitos e "excluídos" condiciona a governabilidade e caracteriza a crise da democracia.

Uma das consequências desse contexto é a perda de importância da política feita pelas instituições, levando à erosão do sistema representativo. Mesmo para as democracias mais consolidadas, os níveis observados de descontentamento político, insatisfação com o regime e baixa confiança nos políticos e partidos afetam o funcionamento do sistema e propulsionam a formação de propostas populistas, influenciando a própria adesão democrática. Esse movimento é ainda mais significativo para as democracias da terceira onda, nas quais as fragilidades dos processos de transição abrem brechas que têm levado a situações de autocratização.

A preocupação com o impacto desse fenômeno sobre o sistema representativo é evidente, pois o fracasso dos partidos na sua dimensão popular resulta na percepção das eleições como mecanismos sem efeitos práticos, ou com frágil eficácia e, em geral, vem acompanhado de uma mobilização em torno de formas alternativas de deliberação, ou o apoio a lideranças personalistas, inclusive autoritárias.

Para as democracias mais recentes, os estudos mostram que mesmo nos países em que as regras básicas e procedimentos foram consolidados e têm funcionamento regular, como a realização de eleições livres e justas, isso não é suficiente para avançar a democratização e mostra déficits significativos no respeito às leis, direitos e liberdades, pondo em risco permanente o apoio político (Rose e Shin, 2001; Levitsky e May, 2020).

O relatório da *Freedom House* de 2019 já apontava para uma tendência global de declínio na manutenção de liberdades civis e direitos políticos entre países, e de fortalecimento dos cenários autoritários. Na mesma direção estavam os dados do *Global Satisfaction with Democracy Report* de 2020, apontando a forte tendência de insatisfação com a democracia como resultado do mau funcionamento das instituições, que não conseguem manter o estado de direito de forma satisfatória, e não produzem respostas às demandas de massa, como a garantia da segurança econômica e a elevação do padrão de vida para a grande maioria da sociedade (Foa; Klassen; Slade; Rand; Collins, 2020). Por sua vez, o relatório da pesquisa *Varietes of Democracy, Autocratization surges – Resistance Grows* (2020) mostrava o caminho da autocratização para vários países da terceira onda, dos quais se destacam nos últimos dez anos o Brasil, a Hungria, a Sérvia, a Polônia e a Turquia (Lührmann; Lindberg, 2019).

Sabemos que os processos de construção democrática dependem de condições variadas, mas o recente retrocesso chama atenção para os casos dos países da terceira onda que registram déficits no funcionamento das instituições e nas referências que dão base à legitimidade do regime. Esse movimento marcou o Brasil nos anos dos governos Temer (2016-2018) e Bolsonaro (2018-2022), aprofundando as fragilidades que a democracia no país já apresentava havia alguns anos.

O que ocorreu com a democracia brasileira? O alerta da recessão democrática vem sendo dado ao país desde meados da década de 2010. Dados comparativos da pesquisa *Latinobarómetro*, coletados em períodos variados, mostram que a satisfação com a democracia no Brasil sofreu uma tendência de queda constante a partir de 2011, chegando a apresentar o menor índice dentre os países da América Latina em 2018, com apenas 9% de indivíduos satisfeitos com a democracia no país, abaixo da média da região, com 24% de indivíduos (*Informe Latinobarómetro 2018*). A mudança das conjunturas política, econômica e social das últimas duas décadas, período em que o Brasil deixou de ser um modelo de êxito econômico e político para se transformar em uma nação polarizada e em aguda crise econômica, impõe considerar as mudanças na percepção da população sobre o desempenho do regime, bem como na composição das bases de apoio à democracia, para compreender o apoio de massa a uma alternativa de traços claramente autoritários observada nos anos do governo Bolsonaro.

Os dados mais recentes sobre a satisfação democrática na região mostram uma importante melhora do Brasil, e colocam o país com um indicador de satisfação de 31%, acima da média da região, com 25% (*Informe Latinobarómetro 2023*). Mas, quase 40 anos após a transição da ditadura militar para um regime democrático, seria de se esperar que a democracia no Brasil mostrasse indicadores fortes, expressivos do que se esperaria do cenário de consolidação. No entanto, as pesquisas indicam que há portas ainda abertas para os perigos autoritários. A baixa confiança institucional, a insatisfação com o funcionamento do regime e a redução da compreensão sobre o que é o fenômeno democrático estão entre os vários aspectos que permitem esse diagnóstico.

Os dados da coleção *Estudo Eleitoral Brasileiro* (ESEB)[1] mostram que, ao longo de vinte anos, as fragilidades das bases da adesão à democracia foram aprofundadas e tiveram importante agravamento nesses últimos anos em que a própria noção de democracia, para parte dos cidadãos, teve o conteúdo desfigurado no período do governo Bolsonaro. É isso que traduzem os dados coletados na onda de 2022 do ESEB, e que foram exemplificados nos eventos ocorridos no país após a eleição presidencial de 2022, quando o país testemunhou ameaças violentas ao governo eleito e aos poderes da República com as tentativas de golpe pela oposição bolsonarista. Os dados apontam, em geral, que não avançamos como estimávamos na construção de um sólido mapa de referências de adesão à democracia.

A preferência pela democracia e a satisfação com o regime não precisam caminhar juntas, mas se uma se opuser muito à outra, cabe indagar se a legitimidade está estabelecida em fundamentos estruturados, ou se constitui um apoio normativo desconectado, sem vínculos com crenças e práticas democráticas. Os dados de satisfação mostram que as oscilações desse movimento refletem o significativo apoio político ao desempenho dos dois primeiros governos Lula, nos períodos de 2003 a 2010, caracterizados pela percepção do maior acesso a direitos e da redução das desigualdades. A partir de 2014, passam a mostrar uma significativa queda, com forte piora em 2018, refletindo a crise dos governos da presidente Dilma e, após o golpe parlamentar que a retirou da presidência em 2016, o péssimo desempenho do governo Temer marcado por medidas que encaminharam o retrocesso democrático (gráfico 1).

Nota: porcentagens referem-se às respostas "concorda/concorda muito"; "satisfeito/muito satisfeito"). Fonte: Coleção ESEB_CSES 2002_2018. Cesop/Unicamp.

Os dados sobre a preferência democrática também mostram oscilações, embora nunca em níveis menores de 70%, mas esse apoio se estrutura de forma frágil na relação com as instituições que produzem o regime. Estudos anteriores já mostravam esse paradoxo nos dados de confiança institucional, com a ampliação da percepção negativa da capacidade da política representativa, ao mesmo tempo em que a adesão ao regime democrático mantinha altos níveis (Meneguello, 2006, 2010; Meneguello; Porto, 2022). A confiança institucional importa porque são as instituições os intermediários da relação dos cidadãos com o sistema. Assim, cabe o destaque de que nos 33 anos entre 1989 e 2022, em média 75% dos cidadãos não confiavam nos partidos como condutores de processos políticos e interesses, e em média 70% não constituíam referências de confiança no Congresso, deputados e senadores, os agentes de representação (gráfico 2).

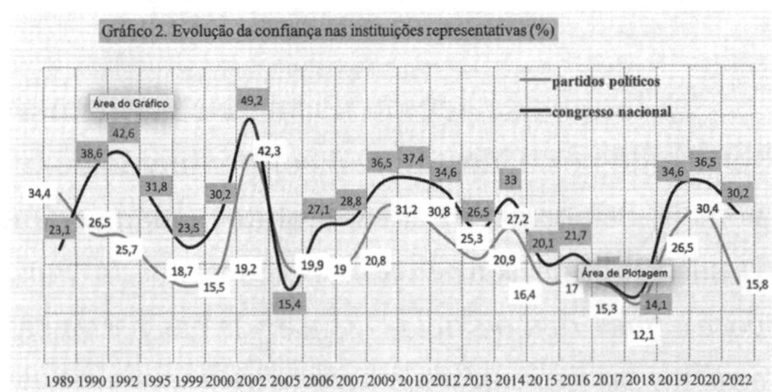

Fonte: Pesquisas do Banco de Dados do CESOP/UNICAMP. Apenas respostas positivas ("confio"/ "confio muito").

Cabe também o destaque para os dados sobre a confiança no processo eleitoral. Apesar do êxito do combate protagonizado pela Justiça Eleitoral à campanha bolsonarista de desinformação sobre as fraudes e falhas do processo eleitoral nos últimos anos e durante a campanha presidencial de 2022, o índice de confiança dos cidadãos brasileiros nas eleições praticamente não se alterou entre 2018 e 2022, e houve um aumento significativo do desconhecimento de sua eficácia (gráfico 3).

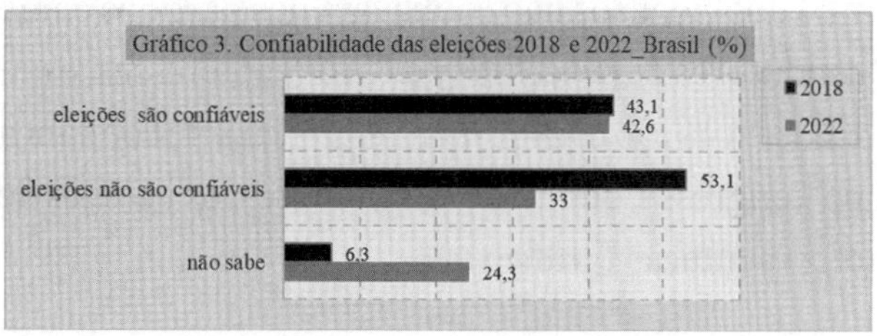

Fonte: Coleção ESEB_CSES 2002_2018. Cesop/Unicamp.

Os limites da adesão normativa revelam-se sobretudo nos dados sobre o conhecimento do fenômeno democrático e as bases que o fundamentam. Desde fins da década de 1980 a pergunta aberta *"Para você o que é democracia?"* é inserida nas pesquisas acadêmicas nacionais que avaliam a compreensão do regime pelos eleitores. Os dados sugerem, até 2010, que a cognição sobre a democracia veio crescendo no tempo, expressando-se na predominante associação com o acesso a direitos e às liberdades. A partir de 2014, e em seguida, 2018, houve um forte aumento do desconhecimento sobre o seu significado e seus referenciais, atingindo aproximadamente 50% dos indivíduos (gráfico 4).

Nota: porcentagens referem-se à resposta "não sei".

Fonte: Banco de Dados de Pesquisas e Coleção ESEB_CSES 2002_2018. Cesop/Unicamp.

Já em 2022, após quatro anos de desfiguração dos conteúdos da democracia por meio do discurso bolsonarista, os dados mostram que, apesar de o desconhecimento do fenômeno ter diminuído, seus conteúdos esperados foram alterados, esvaziando os significados conquistados desde o início da democratização. Houve a redução da associação da democracia aos direitos sociais e ao direito ao voto; a liberdade de expressão emergiu como referência sem os limites básicos da lei e do respeito, e a ideia de liberdade associou-se às vontades e práticas sem controle, como o direito de o cidadão possuir quantas armas desejar (Meneguello, 2023). Os anos do governo Bolsonaro mudaram o entendimento de democracia para uma parcela das pessoas, o que permite compreender parte da desorganização da vida social que vem ocorrendo nos últimos anos, assim como a polarização entre a política democrática e as referências autoritárias.

Esses dados importam para avaliar o enfraquecimento de um requisito básico da democracia, que é o conhecimento de como ela funciona, da prática da cidadania e dos direitos, o que apenas ocorre se os indivíduos têm o conhecimento do que se espera dela. Os anos de democratização não foram suficientes para consolidar bases cognitivas amplas entre os brasileiros, revelando uma relação volátil com o regime. Esse é um importante indicador de como as democracias morrem: o desconhecimento de seus referenciais pela população.

Essas evidências colocam em destaque os limites da noção de consolidação democrática e do paradigma da transição, demonstrando que não basta o regime mover-se para fora do autoritarismo (Diamond; Fukuyama; Horowitz; Plattner, 2014). Os dados de 20 anos de tendências sobre a adesão à democracia no Brasil sugerem que fomos muito otimistas e aclamamos uma consolidação pouco ancorada em fortes referenciais. A eleição de Lula em 2022 conduz o país a um novo período movido pelo esforço de recuperação institucional e a disposição pelo resgate das condições básicas da vida democrática, mas continua claro que a democracia brasileira é um campo aberto a seus inimigos.

Nota

1. Estudo associado ao Comparative Study of Electoral Systems Project (CSES) realizado pelo CESOP/UNICAMP a cada período pós-eleitoral desde 2002.

Referências bibliográficas

DIAMOND, L.; FUKUYAMA, F.; HOROWITZ, D.; PLATTNER, M. Reconsidering the transition paradigm. *Journal of Democracy*, v. 25, n. 1, jan. 2014, p. 86-100.

FOA, R. S.; KLASSEN, A.; SLADE, M.; RAND, A.; COLLINS, R. *The global satisfaction with democracy report 2020*. Cambridge, United Kingdom:

Centre for the Future of Democracy, 2020.

LEVITSKY, S.; WAY, L.A. Democracy's surprising resilience. *Journal of Democracy*, v. 34, n. 4, oct. 2023, p. 5-20.

LÜHRMANN, A.; LINDBERG, S. A third wave of autocratization is here: what is new about it? *Democratization*, v. 26, n. 7, p. 1095–1113, 2019.

MENEGUELLO, R. Aspects of democratic performance: democratic adherence and regime evaluation in Brazil, 2002. *Revue Internationale de Sociologie*, v. 16, 2006.

MENEGUELLO, R. Cidadãos e política: diagnóstico da adesão democrática, comportamento e valores. *In*: CARDOSO JR., J.; SANTOS, J. C. (org.). *Estado, instituições e democracia*. Brasília: IPEA, 2010.

MENEGUELLO, R. As bases do apoio ao regime democrático no Brasil e o papel dos programas sociais como intermediários do sistema. Painel: Estado, instituciones, ciudadania y valores: el estado del arte de las democracias de Brasil y Mexico, *XXX Lasa Congress*, San Francisco, 2012.

MENEGUELLO, R. ESEB, 20 anos de tendências. *Seminário CESOP 30 anos*, Unicamp, nov. 2023.

MENEGUELLO, R.; PORTO, F. B. A desconfiança política dos eleitores em face do Congresso Nacional e dos partidos políticos: o déficit de nossa história representativa. *Revista USP*, São Paulo, n. 134, p. 179–196, 2022.

NORD, M.; LUNDSTEDT, M.; ALTMAN, D.; ANGIOLILLO, F.; BORELLA, C.; FERNANDES, T.; GASTALDI, L.; GOD, A. G.; NATSIKA, N.; LINDBERG, S. *Democracy report 2024: democracy winning and losing at the ballot*. University of Gothenburg: V-Dem Institute. March 2024.

REPUCCI, S. The freedom house survey for 2019: the leaderless struggle for democracy. *Journal of Democracy*, v. 31, n. 2, april 2020, p. 137-151.

ROSE, R.; SHIN, D. C. Democratization backwards: the problem of third-wave democracies. *British journal of political science*, 31(2), p. 331-354, 2001.

Tom Dwyer
Universidade Estadual de Campinas

O que aconteceu com o desenvolvimento brasileiro?

Resumo: Após a Segunda Guerra Mundial, o Brasil se tornou uma das economias em desenvolvimento de crescimento mais rápido do mundo. Seguiram-se: otimismo, industrialização, urbanização, orgulho, desigualdades sociais, turbulência política, inflação e ditadura (1964-1985). A partir de 1985, sucessivos planos anti-inflação impostos de cima para baixo falharam. Em 1994, um governo frágil lançou o Plano Real, sua solidez técnica aliada à estratégia de comunicação conquistou a confiança do público e dos políticos. O desenvolvimento tornou-se uma utopia, e a estabilidade monetária uma realidade que dura há 30 anos.
Palavras-chave: desenvolvimento econômico, inflação, Brasil, comunicação política, políticas de cima para baixo.

Résumé: Après la Seconde Guerre mondiale, le Brésil est devenu l'une des économies en développement à la croissance la plus rapide au monde. Cette période a été marquée par l'optimisme, l'industrialisation, l'urbanisation, un grand sentiment de fierté, des inégalités sociales, des turbulences politiques, l'inflation et la dictature (1964-1985). À partir de 1985, plusieurs plans anti-inflationnistes de type top-down ont échoué. En 1994, un gouvernement fragile a lancé le Plan Real, dont la solidité technique, associée à une stratégie de communication efficace, a su gagner la confiance du public et des politiciens. Le déve-

loppement est devenu une utopie, et la stabilité monétaire une réalité qui dure maintenant depuis 30 ans.
Mots-clés: Développement économique, inflation, Brésil, communication politique, politiques top-down.

Abstract: Post-World War II saw Brazil become one of the world's fastest growing developing economies. Optimism, industrialization, urbanization, great pride, social inequalities, political turmoil, inflation and dictatorship (1964-1985) followed. From 1985 successive top-down anti-inflation plans failed. In 1994, a fragile government launched the Real Plan, its technical solidity together with the communication strategy adopted earned public and politicians' confidence. Development has become a utopia, and monetary stability a reality that now has lasted 30 years.
Keywords: economic development, inflation, Brazil, political communication, top-down policies.

Desenvolvimento brasileiro em contexto

"Desenvolvimento": é um conceito econômico visto como tendo três componentes: nacional, intervenção consciente estatal e industrialização. Em termos de Celso Furtado é "uma resposta para superar o subdesenvolvimento". Madeira e Arend (2016) demonstram que, no Brasil, o termo é polissêmico, e hoje as escolas de pensamento econômico estão numa fase de incomunicação entre elas, uma recusando o diálogo com outra e não reconhecendo seus aportes positivos.

O autor deste artigo é sociólogo e tem dificuldade em entender por que a maioria dos economistas resiste em discutir os aportes do livro mais importante da Sociologia sobre o desenvolvimento e dependência na América Latina (Cardoso e Faletto, 2018).

O Brasil, entre 1913 e o final da década 1970, teve "um dos melhores desempenhos" econômicos (Caldeira, 2017, p. 592). Entre 1965-1980, o PIB brasileiro real mais que triplicou, a produção industrial quadruplicou-se, e as exportações aumentaram mais que dez vezes (Freiden, 1987, p. 95).[1] Para Touraine (1989, p. 530), "a taxa de crescimento da América Latina foi superior à da Europa Ocidental e, mais ainda, à dos Estados Unidos".

Gráfico 1 – Evolução da renda per capita (Brasil 1950-2011)

Fonte: Ferreira, P. C. e Veloso, F. O Desenvolvimento Econômico Brasileiro no Pós-Guerra, em Veloso, F., Ferreira, P. C., Giamniagi, F. e Pessôa, S. (org.). Desenvolvimento Econômico: uma perspectiva brasileira. Rio de Janeiro, Campos, 2012. p. 131.

Entre 1950 e 1980, segundo gráfico 1, a renda *per capita* – uma medida crua de desenvolvimento – cresceu a uma taxa anual de 4,4% – quase quadruplicando no período. Mas, a tendência não é linear, na década de 1950, a renda *per capita* cresceu 4,1% a.a., e se reduziu em meados dos anos 1960. 1968-1973 foi o período do "milagre brasileiro", com crescimento *per capita* de 7,9% a.a. Entre 1973 e 1980, a taxa desacelerou para 4,5% a.a. "A partir de 1980, houve grande desaceleração..." Em 1992 o valor do PIB era 8% menor que em 1980, um período turbulento do fim do regime militar, o retorno do poder civil, choques externos e vários planos anti-inflacionários (veja gráfico 2). Situação que levou Touraine (1989, p. 528) a perguntar sobre toda a região se o "crescimento da última metade do século foi apenas uma ilusão, um desenvolvimento fácil demais?".

Entre 1992 e 2003 o declínio foi revertido, com uma expansão média anual de 1,1% [contra -0,7% a.a. entre 1980 e 1992]. Entre 2003 e 2011, a renda *per capita* expandiu em 3,1% a.a., e acumulou um crescimento de 28% (Veloso *et alii*, 2012, p. 130-2).

Marcando época 1956–1964

Juscelino Kubitschek (JK, 1956-1961) foi eleito prometendo fazer "Cinquenta anos em cinco". O paisagismo de Burle Marx, as sinuosas curvas dos prédios de Niemeyer marcavam época, junto com as estradas integrando a nova capital Brasília ao resto do país. A implantação da indústria de automóveis, junto com a imagem otimista de um "país do futuro", foi projetada nos cinemas e televisões nacionais e internacionais, em gibis, na imprensa, e pelas rádios que tocavam Bossa Nova.

JK deixou um legado amargo ao governo posterior, contas penduradas. Jânio Quadros (1961-1961) se demitiu, a ascensão do vice-presidente Goulart (1961-64) foi contestada. O declínio do crescimento e o aumento da inflação criaram uma sensação generalizada nas classes populares de penúria, o governo atendeu às demandas populares, o que contribui para aumentar a inflação. De uma frágil visão comum desenvolvimentista em torno do governo JK, o país mergulhou na polarização. Manifestações e contramanifestações, inclusive com ingerência estrangeira[2], tomaram conta das ruas. Para interromper a espiral, um golpe de estado que colocou o general Castello Branco (1964-1967) no poder, e impôs a acomunicação.[3]

Entre outras medidas emergenciais, gastos públicos foram reduzidos e juros aumentaram. Economistas muito reputados foram encarregados de fazer o necessário para restaurar as condições de crescimento, e para reconstruir a economia. Mais tarde, o tecnocrático "Programa de Ação Econômica do Governo" (Paeg) implementou – de cima para baixo – reformas ultracomplexas que combinaram ações tributárias, estruturais e conjunturais. Com mais de 130% a.a. a inflação desceu para o patamar de 30% a.a., pavimentando um legado de estabilidade.

O governo seguinte, Costa e Silva (1967-1969), diante de contestações crescentes, baixou o Ato Institucional nº 5 em dezembro de 1968. Médici (1969-1974) reforçou o recurso à força, exílio, prisões, censura, tortura e uma acentuação do domínio cívico-militar daqueles (imaginados ou não) contrários ao governo. Iniciaram-se "os anos de chumbo" brasileiros. A "ordem e o progresso", palavras escritas na bandeira nacional, passaram a caminhar juntos, sobretudo para aqueles para quem o crescimento da economia abriu espaços. Qualquer um que tivesse uma formação universitária, até uma formação técnica, tinha um lugar de privilégio reservado.

O patrimonialismo

Gilberto Freyre entendeu que pelo seu tamanho e sua situação geográfica, o Brasil constitui uma "China Tropical". "A tarefa de modernizar uma China tropical como o Brasil é sob certos aspectos, muito complexa, tarefa que pede assessores múltiplos.... Tal como na China, a industrialização no Brasil vem significando para grande parte da população camponesa o 'deslocamento físico e espiritual [...] que destruiu instituições existentes'.... o Brasil desenvolveria, talvez de forma mais dinâmica do que a China – uma civilização" mista, mais rural e urbana do que os Estados Unidos (Freyre, 2003, p. 232-3).

Em um movimento intelectual, independente de Freyre, uma geração posterior de sociólogos observou que os países ibéricos não tinham estruturas de feudalismo. A fuga ao Brasil da família Real portuguesa (1807), além de transplantar um Estado, trouxe um elemento do despotismo oriental, o patrimonialismo. "Não seríamos propriamente um caso ocidental, uma vez que, aqui, o Estado, por anteceder aos grupos de interesses, mais do que autônomo em face da sociedade civil, estaria empenhado na realização de objetivos próprios aos seus dirigentes, enquanto a administração pública, vista como um bem em si mesmo, é convertida em um patrimônio a ser explorado por eles. Inscritos no Oriente político – Simon Schwartzman, ao conceituar patrimonialismo, categoria central do seu influente *Bases do Autoritarismo brasileiro*... não somente cita o Marx do modo de produção asiático, como também o clássico de K. Wittfogel sobre as sociedades hidráulicas do despotismo oriental[4]... conheceríamos um sistema político de cooptação sobreposto ao de representação, uma sociedade estamental igualmente sobreposta à estrutura de classes... a forma de domínio patrimonial-burocrática e o indivíduo como um ser desprovido de iniciativa e sem direitos diante do Estado."

Continua, "o Estado neopatrimonial, ao restringir a livre manifestação dos interesses, e ao dificultar, com suas práticas de cooptação, a sua agregação em termos sindicais e, principalmente, políticos, favoreceria, assim, a preservação das desigualdades sociais crônicas ao país" (Vianna, 1999, p. 35-6).

Bem mais tarde, Rodrigues (2014) demostrou empiricamente a renovação e continuidade das elites dentro do Brasil redemocratizado.

Explicando o "milagre" e a inflação brasileira

Diante das incomunicações e as discordâncias ao interior do sistema chinês sobre como promover o desenvolvimento com segurança, uma delegação econômica chinesa veio à América Latina em 1988, se encontrou com Delfim Netto, o arquiteto do "milagre". Na época o PIB brasileiro de US$ 3mil *per capita* era dez vezes maior do que o chinês, e a China estava se preparando para acelerar um modelo de desenvolvimento baseado, de modo parecido ao brasileiro, em processos de industrialização e urbanização.

Delfim explicou que "o capital estrangeiro aceleraria o desenvolvimento" e que isto foi comprovado. Enfatizou que o rápido crescimento e a industrialização andavam de mãos juntas com a inflação – observação compatível com a experiência chinesa

– mas que a inflação tinha que ser controlada dentro de determinados limites. A inflação não podia ser controlada do mesmo modo que nos países desenvolvidos, pois as carências materiais implicariam que a população seria incapaz de absorver os impactos de pacotes de austeridade e contenção monetária. O líder da delegação ao retornar a Pequim disse: "É claro que não estamos defendendo a inflação, mas temos que reconhecer essa verdade objetiva e garantir que a inflação esteja dentro de certos limites" (Weber, 2023, p. 357-8).

Os riscos de alta inflação eram vistos como perigosos pelos chineses. Gilberto Freyre (2003, p. 233)[5] analisou as culturas chinesas e brasileiras, percebeu que a população brasileira tinha "uma condição mais plástica do que a chinesa". A delegação percebeu "que os brasileiros estavam acostumados a altos níveis de inflação e que o que importava para eles eram mais os rendimentos reais do que os salários monetários.[6] Testemunharam um período de criatividade no mundo financeiro, com grandes lucros e perdas. Mas, também advertiram que a tolerância dos chineses para altos níveis de inflação era muito menor, após décadas de estabilidade quase absoluta de preços" (Weber, 2023, p. 357-8).

Inflação: 12 trilhões%[7]

A estratégia brasileira de desenvolvimento parece ter sido um sucesso, mas as sucessivas tentativas de estabilização da moeda fracassaram. Que "outro país teve oito padrões monetários em 60 anos"? Cortou "exatos 18 zeros e uma divisão por 2.750...". Com isso "a taxa de câmbio entre um Real de nossos dias e o Cruzeiro de 1942 é dada por Cr$ 2.750.000.000.000.000,00 = R$ 1... Sem falar nos congelamentos, confiscos e maldades que acompanharam diversas dessas reformas monetárias" (Franco *et al.*, 2024, p. 112). Para o presidente F. H. Cardoso, "é que havia interesses organizados em torno da inflação, interesses materiais e interesses mentais. Muitos teóricos escreveram a favor. Havia também interesses financeiros. E o sindicalismo vivia disso, vamos ser claros: reivindicar aumento" (1998, p. 77).

Ao analisar o Paeg, R. F. Cardoso notou respostas a nada menos que 14 principais problemas econômicos que minavam não apenas a eficiência da economia, mas favoreciam certos atores econômicos, inclusive aqueles que se especializaram em acumular lucros inflacionários – detentores de poder patrimonialista.[8]

Gráfico 2 – Inflação e Planos de Estabilização Econômica – Brasil 1979-1997

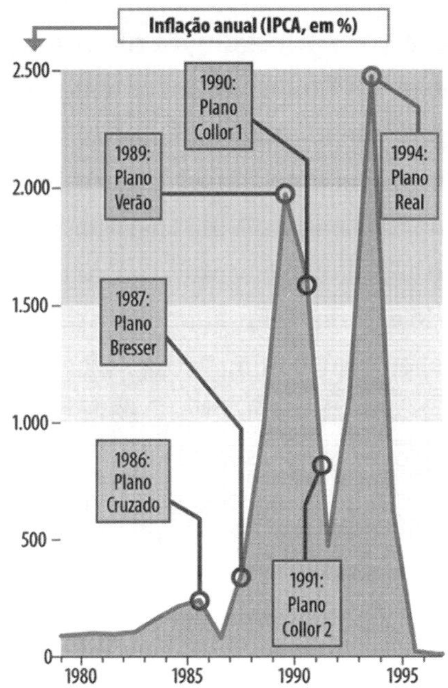

Publicado: https://www12.senado.leg.br/noticias/especiais/arquivo-s/antes-do-plano-real-inflacao-no-brasil-chegou-a-2-500-ao-ano

O gráfico 2 mostra que entre 1985-1992 o país experimentou vários planos anti-inflacionários no contexto da redemocratização. O Plano Cruzado, do governo Sarney (1985-1990), trocou a moeda nacional, congelou os preços, introduziu seguro-desemprego e correções aos salários e, no contexto de inflação de 300% a.a., conseguiu mobilizar o público e os meios de comunicação para uma "guerra de vida ou morte contra a inflação". A popularidade do plano entregou vitórias importantes nas eleições de 1986, inclusive na eleição da Assembleia Nacional Constituinte. Os "fiscais do Sarney" mobilizaram para denunciar os aumentos de preços, o que levou ao sumiço de produtos. O plano acabou derrotado pelas próprias inconsistências teóricas e pela perda de apoio da população.

Um novo ministro, de calibre intelectual, deu nome ao Plano Bresser (1987), que recorreu a congelamento de preços e outras técnicas, e acabou sendo também minado pela descrença pública. Reinavam a vontade de estabilidade econômica, indícios de correção de preços, choques externos e a indisciplina fiscal. Às incomunicações acrescentou-se confusões monumentais na capacidade de entender a economia. Enquanto os pobres ficaram mais pobres, os mais abastados viviam no ambiente de um cassino. O Plano Verão (1989) tomou medidas, entre as quais: uma nova moeda, mudou as regras para a caderneta de poupança, aumentou juros, buscou controlar os gastos públicos, extinguiu a URP (Unidade de Referência de Preços), e também fracassou!

O sucessor eleito – Fernando Collor (1990-1992) – teve entre seus palanques acabar com a inflação com um "único tiro" e ser um "caçador de marajás". Ao assumir o poder, abriu o mercado para importação, vendeu empresas estatais e reduziu a oferta de dinheiro através do confisco de aplicações financeiras de curtíssimo prazo, inclusive contas de poupança e contas-correntes. Fidel Castro, que veio à posse, ficou espantado, "contas-correntes? Contas-correntes! Nem quando fizemos a revolução em Cuba mexemos nas contas-correntes!".[9]

Na visão de Bresser-Pereira (1996, p. 183) "as velhas ideias nacional-desenvolvimentistas foram efetivamente enfrentadas e combatidas... por um programa corajoso de reformas econômicas orientadas para a liberalização comercial e a privatização". Porém, o Brasil redemocratizado passou a viver "um pesadelo econômico", a heterodoxia de Collor e a abertura repentina do mercado inviabilizaram as indústrias nacionais (Caldeira, 2017, p. 589). O único tiro não acertou o alvo, a economia entrou em profunda recessão e foi necessário o Plano Collor II – que por sua vez teve vida curta.

O homem de confiança de Collor foi denunciado pelo irmão do presidente, por ser gerente de um gigantesco esquema de corrupção, o "caçador de Marajás" virou caça. Em uma reunião com motoristas de taxi em Brasília, o presidente chamou seus apoiadores para se vestirem de verde e amarelo no próximo domingo. Naquele domingo, porém, jovens vestidos de preto desceram nas ruas das grandes cidades, e ganharam o apelido "caras-pintadas". O primeiro presidente eleito pelo sufrágio universal em 21 anos perdeu as ruas, perdeu as condições de governar, e um processo de impeachment foi aberto. Collor tentou se demitir antes do julgamento final no Senado.

O vice-presidente Itamar Franco (1992-1994) assumiu no fim de 1992. A inflação estava galopante. No sétimo mês de seu governo, Itamar escolheu seu ministro do exterior – Fernando Henrique Cardoso – para ser seu quarto ministro da Fazenda. Responsável pela reaproximação (pós-Collor) com a China, FHC tinha logrado sucessos, inclusive reativando o maior programa de cooperação técnica e científica entre dois países em desenvolvimento, o satélite sino-brasileiro de recursos da terra (CBERS).[10]

Delfim Netto observou o óbvio, que os economistas não tinham tido sucesso, mas ironizou a ascensão de Cardoso, talvez o renomado sociólogo, por ter uma visão mais abrangente, poderia fazer melhor.

A técnica econômica no poder – a comunicação ao centro da relação entre o Plano e o povo

Cardoso montou uma equipe de economistas, vários com experiência em planos anteriores de estabilização, até hoje eles são conhecidos como os "pais do Real". Diferente de outros planos, "[n]a fase mais delicada, anterior à vigência da nova moeda, contou com um ministro da Fazenda que, ao invés de falar para o mercado financeiro e os empresários, falava para o povo, e com economistas dotados do mais alto preparo técnico que passaram a frequentar as páginas dos jornais com regularidade nunca imaginada".

"Pelo fato de o Real ter sido implementado de forma gradual... [a] complexidade do programa implicava tomar decisões ao longo do processo que precisavam ser bem explicadas, sob pena de não se chegar à etapa seguinte.... pelo fato de ter sido implementado depois de vários fracassos, o que exigia encarar de frente os eventuais ruídos no meio do caminho.... pelo receio de as pessoas desistirem de esperar pela chegada do real e começarem a inflacionar a URV."[11]

"Os economistas do Real, sem exceção, mantinham-se à disposição não apenas para as entrevistas pontuais, mas também abriram espaço em suas agendas para a série de conversas organizadas em bases regulares, a cada 15 dias, com formadores de opinião da chamada grande imprensa em Brasília, em São Paulo e no Rio de Janeiro. Essas conversas não tinham tempo para acabar. Duravam por pelo menos três horas, sem restrição às perguntas."[12]

Delfim Netto, que tinha se juntado ao Partido dos Trabalhadores (PT) para se opor ao Plano Real – chamado de engodo eleitoral pelo último –, acabou mudando de ideia sobre a "qualidade intelectual e o caráter dos protagonistas desta extraordinária aventura acadêmica transformada em ação" (Prado, 2015, p. 11). Delfim salientou um outro diferencial do plano – comparado com todos os demais –, "graças a uma fantástica eficiência na comunicação, os brasileiros foram convencidos a converter os preços em URV e depois reconvertê-los na nova unidade monetária (o Real), e promoveu-se a corajosa liquidação de quase todos os mecanismos de correção monetária que davam uma dinâmica própria ao sistema de preços.... Para julgar o Plano Real com justiça, é preciso reconhecer que ele realizou brilhantemente sua tarefa, reduzindo a inflação a 9% em 1996, contra uma taxa de mais que 2.000% nos 12 meses que antecederam o início do programa em 1994" (Prado, 2005, p. 10).

O resto é história! O Real esteve, na concepção de Gustavo Franco, sujeito a sete batalhas entre seu lançamento até completar seus primeiros 15 anos em 2009, das quais a última foi a crise financeira global de 2008 (Franco *et al.*, 2024, p. 112-117). Muitas empresas e bancos estatais, construídos através das políticas desenvolvimentistas, foram vendidos para reduzir as imensas dívidas do setor público (e impedir novos endividamentos).[13] Cardoso ganhou a presidência em duas eleições contra Lula no primeiro turno. Na campanha de 1994, o PT entrou em um estado de acomunicação com a sociedade, porque não tinha sequer um plano anti-inflação!

O próprio F. H. Cardoso, conhecido como excelente professor, usou suas capacidades didáticas, mas foi vítima de um slogan de sucesso, "o Real vale mais que um dólar". Depois de reeleito ele se rendeu às evidências, a moeda foi desvalorizada (surpreendentemente com pouco impacto sobre a economia real) e ele nunca mais recuperou sua popularidade.

Três anos depois de Cardoso passar o poder a Lula, Delfim Netto listou três problemas indesejáveis na economia: um enorme desemprego causado pelo baixo crescimento; uma dívida no valor de quase dois terços do PIB que exigia um aumento da tributação de 27% para 38% do PIB e um déficit externo acumulado de US$ 190 bilhões (Prado, 2005, p. 10).

Em julho de 2024, o Real comemorou 30 anos, uma eternidade se observarmos a história das moedas e de inflação no país. Mas a economia está estagnada, as desigualdades são enormes, e a palavra desenvolvimento é constantemente evocada – como no passado – como uma utopia.

Notas

1. Citado em Weber (2023, 356).
2. Um exemplo não diplomático ou de serviços de espionagem, Padre Peyton, nascido em um dos países mais pobres da Europa, a Irlanda, foi importado de Hollywood California, ele pregava *A família que reza unida, permanece unida*, participou da Marcha da Família com Deus pela Liberdade, e contestou a suposta ameaça do governo à religião católica. Também o que aconteceu no Brasil se repetia sempre com mobilizações populares católicas, no Chile, Venezuela e Colômbia com a presença do mesmo Padre Peyton.
3. Veja a entrevista com Dominique Wolton: https://jornal.unicamp.br/edicao/699/do-desafio-da-incomunicacao--ao-impasse-da-acomunicacao/#:~:text=Mas%20a%20negocia%C3%A7%C3%A3o%20pode%20falhar,ou%20a%20guerra%20entre%20pa%C3%ADses. (consultado: 20 setembro 2024).
4. Veja: Schwartzman (2015, 60).
5. Capítulo apresentado em um congresso nos EUA em 1944, revisado e publicado em Lisboa em 1972.
6. A correção monetária de economias pessoais, salários, bens de consumo e encargos fazia parte da realidade.
7. Inflação aproximada, "de dezembro de 1979 a julho de

1994". F. H. Cardoso, em Franco *et al.* (2024, p. 191).

8. Entre estes havia casos pelos quais atores econômicos conseguiram aumentar seus ganhos patrimoniais, tais como: "A Lei de Similaridade Nacional... elevou os custos da indústria de bens de consumo sob a justificativa de estimular a indústria de bens de capital" (Veloso *et al.*, 2012, p 172); na habitação houve a "substancial transferência de riqueza para alguns mutuários privilegiados que a eles tiveram acesso" (p. 173). Empresas atrasavam os pagamentos de tributos porque era vantajoso (p. 175). Várias políticas empobreceram outras categorias de ator econômico.

9. Toledo, J. R. 2016. Quando o Brasil Deixou Fidel Perplexo. Broadcast Político, 26/11/2016. *In*: https://broadcast.com.br/cadernos/politico/?id=SVQrVkFoVE9RalhVYkdRUmtTMEtyQT09 (visto dia 15.08.24).

10. Veja: Raupp, M. A. Les satellites, exemple de coopération entre le Brésil et la Chine. (entrevista com Tom Dwyer). *Hermès*, n. 79, 140-144. 2017.

11. URV significa Unidade de Real Valor, seu papel foi de garantir a estabilidade dos preços dos produtos. "Para isso, funcionou como uma unidade de referência, que contava com uma variação mais controlada... nunca existiu fisicamente... criada com base em uma iniciativa econômica que surgiu como resposta à hiperinflação alemã, na década de 1920. Após a Primeira Guerra Mundial, a Alemanha sofreu uma das maiores inflações da história. Como solução, o país criou um plano econômico que contava com duas moedas simultaneamente: a *Reichsmark*, que desvalorizava pela alta inflação, e a *Rentenmark*, que mantinha a estabilidade. A população adotou no dia a dia a moeda mais estável, o que permitiu o controle da inflação no país." Na época, "o Cruzeiro Real passava por um processo contínuo de desvalorização, o que fazia com que os preços fossem alterados, praticamente, de hora em hora. Quem viveu essa época costuma narrar episódios em que os produtos de supermercado eram remarcados na mão dos consumidores. Como resposta estratégica à hiperinflação, o novo presidente, em conjunto com seu ministro da Fazenda, Fernando Henrique Cardoso, criou o Plano Real. A estratégia possuía três etapas: 1. Período de equilíbrio das contas públicas, com redução de despesas e aumento de receitas; 2. Criação da URV para preservar o poder de compra dos salários; 3. Lançamento do novo padrão monetário chamado Real. Para colocar em prática a URV, foi necessário um trabalho de comunicação com a população, já que até mesmo os salários passaram a ser expressos em URV. A estratégia de utilização deste indexador econômico evitou a intervenção estatal, com medidas mais drásticas como o congelamento de preços. Foi considerado um movimento econômico complexo, mas que atingiu maior sucesso do que os planos anteriores". Fonte: https://maisretorno.com/portal/termos/u/urv-unidade-real-de-valor#:~:text=O%20Plano%20Realcompletou (consultado: 22.09.24).

12. Prado, M. C. R. M. do. Comunicação ajudou a consolidar o Real, O Globo, 01/07/2024. https://oglobo.globo.com/economia/noticia/2024/07/01/comunicacao-ajudou-a-consolidar-o-real.ghtml. (consultado em 1.09.24).

13. Ao governador de São Paulo Orestes Quércia é atribuída a frase: "Eu quebrei o BANESPA [Banco do Estado de São Paulo] mas elegi meu sucessor". https://www.acessa.com/economia/2022/11/109018-teto-de-gastos-pode-ser-trocado-por-limite-de-divida-diz-felipe-salto.html. (visitado: 20.11.24).

Referências

BRESSER-PEREIRA, L. C. *Crise econômica e reforma do Estado no Brasil*: para uma nova interpretação da América Latina. São Paulo: Editora 34, 1996.

CARDOSO, F. H. *O presidente segundo o sociólogo* (entrevistas com R. P. de Toledo). São Paulo: Companhia das Letras, 1998.

CARDOSO, F. H.; Faletto, E. *Dependência e desenvolvimento na América Latina*. Rio de Janeiro: Civilização Brasileira, 2018.

FRANCO, G. H. B.; MALAN, P.; BACHA, E. (org.). *30 anos do Real*. Rio de Janeiro: Intrínseca, 2024.

FREYRE, G. *China tropical*. Brasília: Editora da UnB; São Paulo: Imprensa Oficial do Estado, 2003.

MADEIRA, A. G.; AREND, M. Que estratégia de desenvolvimento seguir? O debate desenvolvimentista brasileiro no século XXI. *Análise Econômica*, ano 34, n. 65, p. 205-239, março 2016.

PASTORE, A. C. *Caminhos e descaminhos da estabilização*. São Paulo: Portifolio-Penguin, 2024.

PRADO, M. C. R. M. do. *A real história do Real*. Rio de Janeiro; São Paulo: Record, 2005.

RODRIGUES, L. M. *Pobres e ricos na luta pelo poder*. Rio de Janeiro: Topbooks, 2014.

SCHWARTZMAN, S. *Bases do autoritarismo brasileiro*. Campinas: Editora da Unicamp, 2015.

TOURAINE, A. *Palavra e Sangue*. Campinas: Editora da Unicamp, 1989.

VELOSO, F.; FERREIRA, P. C.; GIAMBIAGI, F.; PESSÔA, S. (org.). *Desenvolvimento econômico*: uma perspectiva brasileira. Rio de Janeiro: Campos, 2012.

VIANNA, L. W. Weber e a interpretação do Brasil. *Novos Estudos*, n. 53, p. 33-47, março 1999.

WEBER, I. M. *Como a China escapou da terapia de choque*. São Paulo: Boitempo, 2023.

Deivison Moacir Cezar de Campos
Cláudia Renata Pereira de Campos
Antonio Florentino Neto
Mariana Hase Ueta
Niklas Weins
Brenda Carranza
Magali Cunha
Álvaro Nunes Larangeira
Juremir Machado da Silva

Parte IV (Culturas e interculturalidades)

Deivison Moacir Cezar de Campos
Pontifícia Universidade Católica do Rio Grande do Sul
Cláudia Renata Pereira de Campos
Pontifícia Universidade Católica do Rio Grande do Sul

Os discos são nossos livros de História: o Antigo Egito na música negra brasileira como referência e projeto[1]

Resumo: A música nas culturas negras da diáspora mantém, além das características de movimento, os usos funcionais que possuíam nas culturas tradicionais, fazendo circular saberes e identidades. O artigo tem por objetivo compreender como a música negra contemporânea, inclusive a brasileira, tem feito circular o conhecimento produzido no campo científico, mas silenciado pela etiqueta acadêmica de egiptologia, sobre as culturas negras do Antigo Egito.
Palavras-chave: Antigo Egito, música negra, circulação, epistemicídio.

Résumé: La musique dans les cultures de la diaspora noire conserve, en plus de ses caractéristiques de mouvement, les usages fonctionnels qu'elle avait dans les cultures traditionnelles, faisant circuler les connaissances et les identités. L'article vise à comprendre comment la musique noire contemporaine, y compris la musique brésilienne, a fait circuler des connaissances produites dans le domaine scientifique, mais réduites au silence par l'étiquette académique de l'égyptologie, sur les cultures noires de l'Égypte ancienne.
Mots-clés: L'Égypte ancienne, musique noire, circulation, épistémicide.

Abstract: Music in black cultures in the diaspora maintains, in addition to the characteristics of movement, the functional uses that it had in traditional cultures, such as circulating knowledge and identities. The article aims to understand how contemporary black music, including Brazilian music, has contributed to the circulation of knowledge produced in the scientific field but has been silenced by the academic etiquette of Egyptology about the black cultures of Ancient Egypt.

Keywords: Ancient Egypt, black music, circulation, epistemicide.

Cadê Tutankhamon?[2]

A Diáspora Negra é uma espacialidade em movimento que tem na música uma das principais formas de diálogo.[3] Nas cosmogonias tradicionais do afro, a música possui uma relação direta com o sagrado, sendo o meio de comunicação entre vivos e mortos e destes com as diferentes ancestralidades. Mesmo reelaborada em diferentes gêneros nos processos de reterritorialização diaspórica, mantém-se como um artefato relacional e de circulação de afetos e saberes – sejam tradicionais, ou não, como a referência às culturas negras do Antigo Egito.

O processo de descolonização da África, iniciada nos anos 1950, possibilita a construção de novas narrativas sobre história e ancestralidade. A retomada do Antigo Egito fora da egiptologia e dentro de uma História das Civilizações Africanas torna-se um instrumento de luta, assim como em narrativas da Diáspora na busca por referências de ancestralidade e territorialização. A ciência será o campo utilizado para essa disputa.

Paralelamente ao desenvolvimento de estudos por pesquisadores negros, músicos igualmente negros assumem a referencialidade ao Antigo Egito em suas obras e performances, fazendo circular esse conhecimento pelos sistemas de mídia. Mesmo que na cultura Ocidental, em muitas perspectivas, a arte e a música em particular sejam vistas como autônomas, nas culturas negras mantêm as relações de funcionalidade e de indissociabilidade entre cotidiano e sagrado.

Os estudos de Diop (1974), James (1954) e Darkwah (2002) são referenciais para a reflexão e inferências, assim como a produção dos autores (2017; 2014). Parte-se epistemologicamente da proposição fanoniana que consiste na produção de crítica à modernidade racialista que leve em consideração memórias e experiências dos povos discriminados. Como métodos acionados, é realizada uma análise histórico-cultural na qual se considera o contexto social de produção da obra e cultural no qual o tema emerge.

O povo negro pede igualdade

O pesquisador Cheick Anta Diop desenvolveu entre os anos 50 e 60 do século passado junto ao *Collège de France* um método de análise óssea, de pele e melanina que, aplicados às múmias egípcias, comprovou que a população que construiu a mais conhecida civilização da Antiguidade era negroide. Além dos estudos em Ciências Naturais, o método de investigação também se utilizava, em segundo nível, de estudos com características culturais, a partir da língua e dos sistemas de representação e pensamento (Diop, 1974). Diop, portanto, se utilizou de um instrumento do colonizador – a Ciência, para tensionar o epistemicídio colonial.

Contemporâneos às comprovações etnológicas de Diop, os estudos em Lógica realizados por Jorge Monah James, junto às universidades de Londres e Colúmbia, concluíram que "os gregos não foram autores da Filosofia Grega, mas o povo da África do Norte comumente chamados Egípcios, foram" (James, 1954). Suas teses foram publicadas sob o título *Legado Roubado*[4], popularizando a expressão que igualmente denuncia o epistemicídio colonial e confronta a narrativa do Ocidente. O livro foi publicado num ano de tensão racial, quando a Suprema Corte dos EUA proibiu a segregação entre negros e brancos nas escolas do sistema público de educação.

Darkwah (2002) retoma o debate afirmando que o silenciamento da Ciência da modernidade-colonial se dá pelo fato de que assim como os antigos egípcios, os hebreus também eram negros. Desta forma, além da Filosofia, a Religião do Ocidente também tem suas matrizes na cultura negra (2002). Cita o historiador russo Poliakov (1996 *apud* Darkwah, 2002) que, escrevendo sobre o mito ariano, afirma que o conhecimento de que a Bíblia foi escrita por negros era comum na Europa na primeira metade do século XIX, o que, em função das teorias evolucionistas, produziu um constrangimento político-social aos colonialistas que defiram por seu apagamento.

Transformou-se na verdadeira humanidade

As culturas negras da diáspora, oriundas da fissura provocada pelo escravismo colonial, se mantêm desterritorializadas, o que confere características de uma cultura viajante (Gilroy, 2001). A música cumpre nesse sentido um importante papel de veículo e diálogo a partir de uma matriz comum nessas culturas – um mesmo mutante (Gilroy, 2007, p. 159), no qual "o mesmo é retido sem precisar ser reificado". Esse diálogo através da música constrói formas de comunicação, reconstitui memórias e, por sua relação com o sagrado, possibilita a restituição de força vital, o axé (Mukuna, 2005).

As culturas negras encontram, principalmente, através do consumo coletivo de música possibilidades de territorialização de elementos culturais e identitários. Com isso, encontram na circulação uma territorialidade possível, acoplando suas características de cultura viajante aos processos midiáticos de referência (Campos, 2014). Essa tecnologia afro foi desenvolvida já nos rituais tradicionais em roda, primeira tentativa de reterritorialização e de retorno simbólico à África em diáspora pelos escravizados. Neste lugar transitório, música, performance e território fundem-se produzindo sentidos identitários.

Nesta espacialidade transitória, os elementos dessa tradição não tradicional da diáspora são acionados e comunicados, geralmente através de cantos e performances, a fim de presentificar essas referências. A circulação do afro, segundo Gilroy (2001), teve nos navios seu primeiro importante dispositivo, sendo substituído pelo LP, que ampliou o processo de diálogo e de presentificação das culturas negras.

Em sua circulação, a música negra da Diáspora carrega afetos afro (Campos, 2017) que acionam memórias muitas vezes guardadas no corpo. No caso da presença do antigo Egito, por muito tempo, esta não esteve na memória por não ser mais dita por força do epistemicídio. A restauração se deu pela reapropriação do instrumento de registro científico posto em circulação pela música. Reinserida como memória tradicional, ganha elementos de rememoração inclusive em performance[5] (Schechner, 2003).

A cultura egípcia na música negra contemporânea[6]

Apesar do processo de esquecimento, utilizado como estratégia pelo sistema escravista, a presença de uma memória da antiguidade egípcia aparece em registros de ritmos das origens da música afro-brasileira. Em seu *Ensaio sobre a música brasileira*, Mário de Andrade (1972, p. 23) percebe nos fandangos paulistas, nos "lundus muito africanizados", cantos de trabalho e rezas das macumbas "motivos rítmicos melódicos estratificados e circulatórios, nos levando ao rapsodismo da Antiguidade [Egito]". Este é uma das características, segundo o autor, presentes nos "elementos formalísticos e expressivos para a criação da melodia infinita caracteristicamente nacional".

A permanência desses movimentos rítmicos em toda Diáspora negra vai encontrar o conhecimento científico não validado, produzido por Dip e James, na cidade de Chicago, sendo reapropriado de forma consciente com a aparição de Sun Ra, precursor do free jazz (Afrofuturismo, 2020) e marco do Afrofuturismo – movimento que emerge nos anos 90 na diáspora, ainda no final dos anos 50.

Na música brasileira, a referência consciente viria algumas décadas depois. No entanto, na metade da década de 1960, uma referência espontânea ao Antigo Egito surge em meio a um partido-alto gravado em 1966. Clementina de Jesus e João da Gente disputam um improviso no primeiro disco solo da cantora (Clementina, 1966). Os dois são considerados cantores tradicionais das culturas afro, oriundos de coros de casas de Umbanda e Candomblé do Rio de Janeiro. No meio do improviso, João da Gente canta os versos

Da Bahia me mandaram
um presente num balaio
era um corpo de gente
cabeça de papagaio.

Na estrofe, referência ao afro-baiano e ao africano, uma corruptela de deus Hórus, Deus dos Faraós, cuja cabeça é de falcão. Não de forma consciente, Clementina também reinsere com seu canto, assim como João da Gente, uma estética afro na música popular brasileira então referenciada na Bossa Nova, na Jovem Guarda e na Tropicália. Clementina de Jesus é referida como "o elo perdido" entre as músicas dos africanos escravizados e a música popular brasileira. O repertório do primeiro disco [Clementina de Jesus, 1966] foi composto por músicas que Clementina aprendeu desde a infância com a mãe e como pastora[7] a partir dos 10 anos de idade.

Estrela da música brasileira pela década seguinte, gravou, junto com Tia Doca da Portela e Geraldo Filme, o disco *O canto dos escravos* em 1982. O disco registra canções de trabalho dos escravizados africanos no Brasil, reconstituindo o ciclo da música brasileira e da referência a ritmos circulares egípcios (Andrade, 1972). As aparições de Clementina e da referência ao Egito se dão num contexto de ditadura militar e de reinserção da música tradicional negra na cultura brasileira depois de uma década de hegemonia da Bossa Nova. Rainha Quelé, como era chamada, morreu em 1987, ano em que o Olodum lançará a música que selou de forma direta e consciente a relação entre as culturas negras do Brasil e o Egito, *Faraó*.

O Grupo Cultural Olodum reposicionou sua atuação de bloco carnavalesco para grupo cultural em 1984, ligando-se ao movimento negro e sindical, com discursos pan-africanistas. Junto com o reposicionamento, apresenta uma nova musicalidade fundindo batidas do Ijexá[8], samba e reggae. O projeto cultural antirracista busca na ancestralidade uma forma de fomentar autoestima aos integrantes e moradores do Pelourinho e entorno – uma das áreas mais vulneráveis de Salvador.

A discussão em torno da Assembleia Constituinte e dos 100 anos de Abolição em 1988, feita pelo Movimento Negro, havia rompido com o escravismo e a democracia racial como matriz de identidade cultural na esfera pública. Na busca por referências, as ideias de Cheick Anta Diop e de Abdias do Nascimento aparecem nas falas do presidente da época João Jorge (Bigault, 1987), levando a proposição de um tema sobre o Antigo Egito e a composição de *Faraó*, que se tornou um hino do carnaval e informalmente da cidade de Salvador. Na música, composta por Luciano Gomes, o grupo Olodum convoca os soteropolitanos para uma nova relação com seu passado.

> Despertai-vos
> Para a cultura egípcia no Brasil
> Ao invés de cabelos trançados
> Veremos turbantes de Tutankhamon.

Além de tornar-se a música mais tocada e conhecida do carnaval baiano, construiu um novo espaço para o movimento negro na Bahia, visto até então como movimento revanchista. A música também ampliou a visibilidade do grupo que já se apresentou em 37 países do mundo, além de manter um projeto cultural pulsante no Pelourinho.

A performance e existência do Olodum vai chamar a atenção para a negritude dos Faraós em toda a diáspora. Maior cidade negra – em termos proporcionais e culturais – fora do continente africano, Salvador torna-se referência e centro de peregrinação de negros militantes, ou em busca de identidade, e do mundo pop. Disseminadora indireta das ideias de Diop pelo grito "Eu falei Faraó", torna-se *lócus* de existência e renovação permanentemente da cultura afro e de presentificação do conhecimento em circulação.

Astros internacionais da cultura pop passam a coproduzir músicas com artistas soteropolitanos, incluindo Michael Jackson que, uma década depois de *Faraó*, foi ao Pelourinho gravar *They don't care about us*.[9] Jackson também havia acionado os sentidos do Antigo Egito, em meio às acusações de tentar branquear sua pele, no videoclipe *Remember the time*[10], como forma de reafirmar sua ancestralidade negra.

Uma década depois de *Faraó*, o grupo É o Tchan lançou outro sucesso referindo o Egito e remetendo à presença de *Faraó* na cultura baiana. Em ritmo de pagode baiano, a banda gravou para o disco É o Tchan do Brasil (1997) a música *Essa é a mistura do Brasil com o Egito*. O disco é um dos mais vendidos da história no país, com 2,7 milhões de cópias. A banda É o Tchan tornou-se símbolo de um novo Brasil. Depois de uma transição tumultuada da ditadura para a democracia, o Brasil vivia um período de estabilidade econômica e de novas perspectivas de relações raciais, pela realização da Marcha Zumbi dos Palmares, em 1995, que iniciou a discussão sobre políticas afirmativas no país.

Observa-se, portanto, que a emergência de referências ao Antigo Egito durante o século XX é marcada por um contexto de tensionamento racial. A conquista de direitos, mesmo que incipientes, nas últimas décadas e a retomada do Antigo Egito como memória ancestral presente na cultura possibilitam novos usos. A grandiosidade, antes acionada como matriz, torna-se projeto de futuro. O Brasil impõe-se como referência desse novo momento e anunciador desse conhecimento negado.

E as cabeças se enchem de liberdade

As referências ao Antigo Egito vão ganhar nova dimensão com a globalização do protesto negro e do avanço de políticas públicas de reparação pelo escravismo. O movimento de transformar o presente, recriar o passado e projetar um novo futuro através de uma ótica negra define o Afrofuturismo (Kabral, 2016). O movimento reconhece o continente africano como berço da origem dos negros de todo o mundo e a ancestralidade deste continente como ponto de partida para uma retomada histórica.

Os músicos passam assim a produzir uma trilha sonora para esse novo momento de protesto negro, não mais como reação, mas como afirmação de humanidade frente à recusa pela imposição do vazio (Cesaire, 2010). No contexto brasileiro, o movimento vai ganhar o primeiro manifesto musical com o disco *Afrofuturista* (2016), de Ellen Oléria, seguido de *Xenia* (2017), de Xênia França, cuja capa e videoclipes, com destaque o da música *Nave,* remetem ao imaginário afrofuturista. Enquanto Oléria investe na sonoridade, Xênia França entende o afrofuturismo na música como continuidade, sempre negada aos corpos negros, das crenças, valores e costumes da cultura negra. No disco *Nome da Estrela*, a cantora mescla música brasileira, música eletrônica e jazz pop.

Nesta virada epistemológica, as produções evocam um futuro ancestral e inserem o afrofuturismo, como valorização das culturas negras do mundo, na circulação midiática. Essa manutenção do conhecimento através da música mostra como o racismo opera de forma silenciosa e, ao mesmo tempo, violenta pela negação e recalcamento do negro. Também aprofunda o entendimento de que o LP substituiu o navio (Gilroy, 2001) e que os discos são nossos livros de História (Emicida, 2020).

Notas

1. A primeira versão deste texto, em resumo expandido, foi apresentada e discutida no evento anual da Sociedade Brasileira de Estudos Interdisciplinares da Comunicação (Intercom) em 2022.
2. Os títulos das seções são versos da música *Faraó, divindade do Egito (1986)*, de Luciano Gomes.
3. Gilroy (2001) realiza uma profunda discussão sobre esse lugar da música na diáspora.
4. Stolen Legacy.
5. Schechner entende performance como ato restaurado (2003).
6. Esse título é uma corruptela do verso "Para a cultura egípcia no Brasil" (ver nota 4).
7. Pastoras eram as cantoras que acompanhavam os cantores nas festas públicas, como o carnaval, quando não havia o uso de equipamentos de amplificação do som.
8. Ritmo religioso consagrado aos Orixás, principalmente a Oxum.
9. https://www.youtube.com/watch?v=QNJL6nfu__Q.
10. https://www.youtube.com/watch?v=LeiFF0gvqcc.

Referências

ANDRADE, Mário de. *Ensaio sobre a música brasileira*. 3. ed. São Paulo: Vila Rica; Brasília: INL, 1972.

AFROFUTURISMO. De Saturno para o mundo: Sun Ra, o pioneiro do afrofuturismo musical. *Plataforma Afrofuturismo*, 23 abr. 2020. Disponível em: https://afrofuturismo.com.br/inovacao/de-saturno-para-o-mundo-sun-ra-o-pioneiro-do-afrofuturismo-musical/. Acesso em: jun. 2022.

AFROFUTURISTA. Ellen Oléria. Independente. 2016.

ALL MUSIC. Sun Ra. 2020. Sun Ra Biography. *Netaktion LLC*. Disponível em: https://www.allmusic.com/artist/sun-ra-mn0000924232/biography. Acesso em: jul. 2020.

AmarElo. Emicida. Laboratório Fantasma. 2020.

BIGAULT, Ariel. ZEZÉ Motta, la Femme enchatée. Direção: Ariel de Bigault. Feelina Productions; TF1; PI Production. França, 1987.

CAMPOS, Deivison Moacir Cezar de. A insolência como modelo heurístico e como afecto das culturas negras. *Anais do V Comusica*. São Leopoldo, 2017. Disponível em: https://5comusica.wordpress.com/anais-do-evento/. Acesso em: dez. 2017.

CAMPOS, Deivison Moacir Cezar de. *Do disco à Roda: a construção do pertencimento afro-brasileiro pela experiência na festa Negra Noite*. Tese (Doutorado), Programa de Pós-Graduação em Ciências da Comunicação, Unisinos, São Leopoldo, 2014.

CESAIRE, Aimé. *Discurso sobre a Negritude*. Belo Horizonte: Editora Nandayala, 2010.

CLEMENTINA. Clementina de Jesus. RJ: Odeon, 1966.

É O TCHAN. O Tchan do Brasil. SP: Polygran, 1997.

FREITAS, Kênia; MESSIAS, José. O futuro será negro ou não será: Afrofuturismo versus Afropessimismo - as distopias do presente. *Das Questões, [S. l.]*, v. 6, n. 1, 2018. Disponível em: https://periodicos.unb.br/index.php/dasquestoes/article/view/18706. Acesso em: jun. 2022.

GILROY, Paul. *Entrecampos*: nações, culturas e o fascínio da raça. São Paulo: Annablume, 2007.

GILROY, Paul. *O Atlântico Negro*: modernidade e dupla consciência. São Paulo: Editora 34, 2001.

JAMES, Jorge G. Monah. *Stoneal Legacy*. Nova York: Philosophical Library, 1954. Disponível em: https://afrocentricidade.files.wordpress.com/2016/04/o-legado-roubado-george-g-m-james.pdf. Acesso em: jun. 2022.

KABRAL, Fabio. 2016. [Afrofuturismo] o futuro é negro – o passado e o presente também. *Medium*. Disponível em: https://medium.com/@ka_bral/afrofuturismo-o-futuro-%C3%A9-negro-o-passado-e-o-presente-tamb%C3%A9m-8f0594d325d8. Acesso em: jun. 2022.

MUSEU AFROBRASIL. *Clementina de Jesus*. Museu Afrobrasil. História e Memória. São Paulo, 2014. Disponível em: http://www.museuafrobrasil.org.br/pesquisa/hist%C3%B3ria-e-mem%C3%B3ria/historia-e-memoria/2014/07/17/clementina-de-jesus. Acesso em: jun. 2022.

MUKUNA, Kazadi wa. *Contribuição bantu na música popular brasileira*. São Paulo: Global Editora, 1977.

SCHECHNER, Richard. O que é performance? *In*: *O Percevejo*, ano 11, n. 12, 2003.

UNESCO. *The peoplingof ancient Egypt and the deciphering of meroitic script*. Paris/Belgium: Unesco, 1978. Disponível em: https://www.yumpu.com/en/document/read/6861868/symposium-on-the-peopling-of-ancient-egypt-unesdoc-unesco. Acesso em: jun. 2023.

XENIA. Xênia França. Natura Musical. 2017.

Antonio Florentino Neto
Universidade Estadual de Campinas

Diálogos futuros e necessários entre cosmologias indígenas e chinesas

Resumo: Desde os escritos de Weber sobre o Confucionismo e Budismo, as concepções cosmocêntricas de mundo passam a ser, predominantemente, consideradas inferiores ao antropocentrismo e essa perspectiva prevalece durante o século XX. Porém, com as grandes transformações ocorridas no planeta neste período e com o iminente colapso ambiental pelo qual passamos nas últimas décadas, somos levados a repensar o modelo de desenvolvimento que prevaleceu até então e os diálogos entre as cosmologias indígenas e chinesas que afirmam a precedência da coexistência sobre a existência, se tornam mais que necessários para a garantia da existência humana no planeta.

Palavras-chave: cosmocentrismo, antropocentrismo, cosmologias indígenas, cosmologias chinesas, diálogo, existência, coexistência.

Résumé: Depuis les écrits de Weber sur le confucianisme et le bouddhisme, les conceptions cosmocentriques du monde sont, de manière prédominante, considérées comme inférieures à l'anthropocentrisme, et cette perspective a prévalu tout au long du XXe siècle. Cependant, avec les grandes transformations survenues sur la planète au cours de cette période et l'imminent effondrement environnemental auquel nous faisons face depuis quelques décennies, nous sommes amenés à repenser le modèle

de développement qui a prévalu jusqu'à présent. Les dialogues entre les cosmologies indigènes et chinoises, qui affirment la priorité de la coexistence sur l'existence, deviennent plus que nécessaires pour garantir la survie de l'humanité sur la planète.
Mots-clés: cosmocentrisme, anthropocentrisme, cosmologies indigènes, cosmologies chinoises, dialogue, existence, coexistence.

Abstract: Since Weber's writings on Confucianism and Buddhism, cosmocentric conceptions of the world began to be predominantly considered inferior to anthropocentrism and this perspective prevailed during the 20th century. However, with the great transformations that have since occurred on the planet and with the imminent environmental collapse experienced over recent decades, we are led to rethink the development model that has prevailed until now, and dialogues between the indigenous and Chinese cosmologies, that affirm the precedence of coexistence over existence, become more than necessary to guarantee human existence on the planet.
Keywords: cosmocentrism, anthropocentrism, indigenous cosmologies, chineses cosmologies, dialogue, existence, coexistence.

O início de um diálogo mais consistente entre cosmologias indígenas e orientais, especialmente entre cosmologias indígena e chinesa, ocorre a partir de um convite que recebi de Juliano Basso, para organizar e coordenar uma roda de conversa sobre filosofias orientais com várias lideranças indígenas, na Aldeia Multiétnica, em julho de 2022.[1] Convidei também para participar o professor indígena do Instituto Técnico Federal da Bahia, Edson Kayapó, e o indiano naturalizado brasileiro Dilip Loundo, professor de filosofias indianas da Universidade Federal de Juiz de Fora. Após esta primeira experiência, rica e tensa, na Aldeia Multiétnica agendamos outro encontro, desta vez com a presença somente de indígenas acadêmicos, professores universitários, que ocorreu na sala do Grupo de Estudos Brasil-China da Universidade Estadual de Campinas (Unicamp) em novembro de 2022. Este encontro contou com a participação, além de Edson Kayapó e Dilip Loundo, também do professor da UnB Gersen Baniwa, Almires Guarani da UFPA, Álvaro Kawoa da PUC-SP e do professor não indígena da UFRJ Lucas Machado, que transcreveu marcado por discussões muito intensas, tensas e riquíssimas. Tivemos também a presença de convidados que participaram como ouvintes. O tema central deste segundo encontro, a partir daí denominados "seminário", foi *Cosmologias indígenas e orientais em diálogo*.

No terceiro encontro os seminários passam a ser chamados de *Diálogos Filosóficos entre Cosmologias Indígenas e Orientais*. Um deles ocorreu na Aldeia Multiétnica em julho de 2023 e teve como tema "Existencialidade e Vida Comunitária". Este seminário consolidou a pertinência e apontou a urgente necessidade de continuidade dos diálogos entre cosmologias indígenas e orientais.

O 4º seminário da série teve uma parte aberta à comunidade universitária da Unicamp, realizada na Faculdade de Educação da Unicamp, e uma parte interna ocorrida na Sala do Grupo de Estudos Brasil-China. O tema deste seminário foi "Direitos Humanos em perspectivas indígenas", com expositores indígenas e debatedores não indígenas. Em novembro de 2023 o IX Colóquio Internacional de Filosofia Oriental da Unicamp teve como tema "Direitos Humanos em perspectivas não ocidentais" e contou com a participação de uma conferência e de uma mesa-redonda composta somente de pensadores acadêmicos indígenas. O início deste diálogo filosófico entre cosmologias indígenas e orientais foi possível em função da crescente inclusão de indígenas na vida acadêmica brasileira.

Há pouco mais de uma década inicia-se uma relevante e muito bem-vinda transformação no cenário acadêmico, com a entrada de representantes de boa parte das mais de três centenas de nações indígenas brasileiras nas universidades, onde, até então, prevalecia o desconhecimento de modelos indígenas de pensamento sob a hegemonia dos modelos de pensamento ocidental. Na década de 2010, entretanto, inicia-se o Plano Nacional de Inclusão para indígenas em cursos superiores, um importante passo para se pensar um possível novo modelo civilizacional que contemple os conhecimentos, estilos de vida, cosmologias, as filosofias e a relação entre "homens" e "natureza" dos povos originários.

A partir desta década temos não somente a entrada de jovens indígenas nas universidades, como também o destaque de importantes intelectuais indígenas, que assumem um protagonismo único até então: eles passam a falar por si mesmos sem intermediários não indígenas. Destaques como Ailton Krenak, Sônia Guajajara, Davi Kopenawa, Mapulu Kamayurá, Edson Kayapó, Daniel Munduruku, Gersen Baniwa, Almires Guarani. Muitas outras e outros pensadoras e pensadores indígenas passam a nos alertar mais uma vez de que o denominado projeto civilizacional ocidental teria entrado em colapso. Escrevo essas linhas enquanto enfrentamos o pior incidente climático vivenciado no Brasil, com as avassaladoras e previsíveis enchentes no Sul do País e seca na Floresta Amazônica.

O ponto de partida da análise a seguir é o diagnóstico feito por Max Weber sobre as bases religiosas da origem do capitalismo e suas consequências atuais. Ao afirmar que o modo de produção capitalista somente poderia ter surgido em um mundo herdeiro de uma concepção teocêntrica de mundo e que as sociedades que se desenvolveram a partir de uma perspectiva cosmocêntrica de mundo não teriam tido tais condições. Weber estratifica essas duas perspectivas, vincula a base teocêntrica ocidental ao projeto científico racional individual, objetivo e realista de ciência ao qual está vinculado e relega o cosmocentrismo ao âmbito do racional prático, subjetivo e ingênuo (Weber, 1988, p. 249). Mesmo dentro da origem da perspectiva teocêntrica de mundo haveria, para Weber, distintas bases e seria especificamente o puritanismo ascético protestante o elemento crucial que teria proporcionado o surgimento do capitalismo industrial e, consequentemente, da modernidade ocidental. Para Weber, as perspectivas chinesas tais como confucionismo, daoísmo, budismo e suas concepções cosmocêntricas jamais poderiam ter dado origem ao modo de produção capitalista e, consequentemente, ao mundo moderno. Como herdeiro do idealismo de Kant, Weber faz uma distinção entre racionalidade prática e racionalidade teórica, sendo a primeira inferior e diretamente vinculada ao cosmocentrismo e à ética confuciana. A segunda seria superior, originada do teocentrismo, teria sido sistematizada a partir da ascese puritana, da ética protestante e seria o elemento central da racionalidade e da liberdade individual, que é simultaneamente um dos elementos basilares da ciência e da técnica moderna.

A distinção entre diferentes formas de racionalidade é aceitável, mas não necessariamente como Weber supôs. Um pensador atual que apresenta uma instigante contraposição ao modelo de Weber é Zhao Tingyang. Em seu livro *Tudo sob o céu: passado e futuro da ordem mundial* (2022) onde caracteriza a racionalidade antropocêntrica ocidental como racionalidade individual e a perspectiva cosmocêntrica chinesa de racionalidade relacional. Porém, para Zhao, a segunda seria mais apropriada para a coexistência equilibrada entre todos os seres e todos os povos do planeta.

Zhao identifica estas duas concepções opostas de homem – uma que afirma seu caráter predominantemente egoísta e outra que afirma o caráter predominante cooperativo – como complementares, onde o lado cooperativo humano deve preceder o lado egoísta, onde a coexistência precede a existência, onde a racionalidade relacional deve preceder a racionalidade individual. Zhao afirma em primeiro plano a precedência da coexistência dos povos e se ocupa, fundamentalmente, de um projeto geopolítico futuro que garanta a existência humana no planeta. Por defender essas teses ele recebeu muitas críticas, especialmente de ser ingênuo, de defender uma tese fundada em uma perspectiva cosmocêntrica de mundo tida como suplantada por Weber. Os atuais acontecimentos bélicos no planeta, as guerras devastadoras no Oriente Próximo e no Leste Europeu, entretanto, confirmam a atualidade das teses de Zhao e a necessidade de novas referências fundadas na coexistência pacífica dos povos, na precedência da racionalidade relacional em detrimento da racionalidade individual, o que no âmbito geopolítico significa a precedência da coexistência de povos em detrimento de existência de Estados individuais.

> *Racionalidade relacional e racionalidade individual não são opostos, mas sim dois lados da mesma moeda, da racionalidade completa que integra e usa a racionalidade individual: racionalidade individual é a racionalidade da concorrência e a racionalidade relacional é a racionalidade da coexistência. A colaboração entre elas forma o equilíbrio da racionalidade plena. Se o enunciado ontológico que afirma a precedência da coexistência sobre a existência estiver correto, então a aplicação da racionalidade relacional tem prioridade sobre a racionalidade individual. Eu compartilho da tese de que Confúcio concordaria com a prioridade da racionalidade relacional, visto que o cerne conceitual confuciano "humanidade" (仁) representa o mais originário modelo de racionalidade relacional* (Zhao, 2022, p. 40).

Weber não menciona diretamente as distintas culturas indígenas brasileiras. Contudo, como todas elas se calcam em bases cosmocêntricas elas estariam, para Weber, ainda mais distantes de terem proporcionado a origem do mundo moderno, visto que sequer possuiriam uma racionalidade prática nos moldes do confucionismo e taoísmo. Independente das particularidades e diferenças existentes entre as tradições indígenas brasileiras e as perspectivas confucianas e daoístas do mundo, o importante para essa análise é o que as aproxima: suas perspectivas cosmocêntricas de mundo e a precedência da racionalidade relacional e a precedência da coexistência.

As perspectivas indígenas estão muito mais próximas de Zhao que de Weber. Elas, porém, radicalizam e estendem ainda mais a concepção de racionalidade ao inserir um terceiro elemento: a racionalidade cósmica. Essa inserção não exclui a racionalidade individual e relacional, mas as subordina. Temos, assim, a precedência da racionalidade cósmica diante de qualquer outra forma de racionalidade.

> [...] *desse organismo de que somos parte, a Terra, e passamos a pensar que ele é uma coisa e nós, outra: a Terra e a humanidade. Eu não percebo onde tem alguma coisa que não seja natureza. Tudo é natureza. O cosmos é natureza. Tudo em que eu consigo pensar é natureza* (Krenak, 2019, p. 16-17).

No início do século XX a racionalidade objetiva individual e a subordinação total da natureza ao homem, a radicalização do antropocentrismo que emergira do teocentrismo cristão ainda não haviam dado sinais de falência e se colocaram como a visão "realista" do mundo, ao contrário das perspectivas cosmocêntricas que, a partir de Weber, passam a ser classificadas como concepções ingênuas e românticas de mundo. O século XXI, porém, parece nos mostrar que, para a sobrevivência do homem no planeta, faz-se mais que urgente o abandono daquela verdadeiramente ingênua concepção antropocêntrica de mundo, criada pela racionalidade ocidental, e o resgate das concepções cosmocêntricas de mundos, tais como as que foram desenvolvidas pelo confucionismo, daoísmo, budismo, pelos povos indígenas guaranis, ianomâmis, caiapós, kamayuras e tantos outros, e suas mais que cento e cinquenta línguas e dialetos (Krenak, 2019, p. 31).

Neste sentido, os diálogos entre as cosmologias indígenas e orientais podem nos ajudar a pensar um novo projeto de civilização, viável para todos os povos do planeta, sem necessariamente negar importantes conquistas da modernidade antropocêntrica fundada no ascetismo pietista protestante. O caráter predatório, porém, deste projeto é inviável e destruidor e o torna mais irracional do que Weber supunha.

Abordarei a seguir duas distinções feitas por Weber, como elas estão intrinsecamente relacionadas entre si e como são fundamentais para nossa compreensão do que ocorre na Terra, neste momento. A separação entre racionalidade prática e racionalidade teórica no mundo moderno seria o desdobramento da separação inicial entre o cosmocentrismo da tradição chinesa e o teocentrismo da tradição cristã ocidental. Esse desdobramento apresentaria vários estágios, momentos distintos desde suas origens na China Antiga e no cristianismo até o início do século XX.

A conclusão a que se chega, se levarmos ao

extremo os pressupostos weberianos, é que a perspectiva cosmocêntrica representaria um entrave à modernização do mundo e que somente a perspectiva antropocêntrica teria permitido o surgimento do mundo moderno. Poderíamos concordar com Weber se sua análise fosse somente um "diagnóstico neutro", mas ela é também valorativa e classifica o cosmocentrismo como inferior ao antropocentrismo, o primeiro como ingênuo a ser superado e o segundo como realista a ser almejado. Porém, as transformações do planeta, produzidas pela calculabilidade extrema da razão teórica, estão nos levando para uma inevitável catástrofe, mas que pode ser pré-visualizada em seu formato paradigmático com o que está ocorrendo neste momento com a cosmocentricamente previsível enchente no Rio Grande do Sul que poderia ter seus efeitos minimizados.

Para transformar planejadamente a natureza em meios máximos de produção foi necessário minimizar ao extremo os entraves ao processo produtivo e ao desenvolvimento econômico. Assim, através do uso intensivo de inseticidas buscaram eliminar todos os insetos que ameaçavam a produção agrícola em larga escala. Foram eliminados também todos os pequenos roedores que pudessem danificar a produção agrícola e com essas duas eliminações toda cadeia alimentar animal foi quebrada pela escassez de alimentos, reduzindo a 10% a população animal das áreas de plantio. O planejamento calculadamente orientado pela otimização da produção também exigiu um rearranjo topográfico e os obstáculos ao progresso agrícola foram removidos. O relevo natural foi racionalmente planificado, as árvores que estavam em lugares indesejados foram removidas para a minimização dos gastos com a circulação de enormes máquinas agrícolas, as águas das várzeas planejadamente drenadas para a ampliação das áreas cultiváveis, florestas inteiras transformadas em pastagens e em campos agrícolas para a maximização da produção de carne e grãos. O progresso urbano também exigia um planejamento calculadamente lucrativo.

No Rio Grande do Sul as chuvas vieram e as águas desceram livremente sem obstáculos naturais e foram enchendo velozmente os riachos e rios pequenos, que estouraram as barragens que inundaram o Estado todo, proporcionando chocantes imagens que demostraram a ineficiência do progresso, diante da ação avassaladora da água que perdera seu fluxo natural. A cena mais emblemática deste quadro trágico foi a devastação do aeroporto que impediu as mais modernas máquinas voadoras de saírem do lugar. Redes elétricas e de comunicação foram destruídas e os mais modernos celulares e computadores pararam de funcionar. Tudo parou de funcionar, a ilusão do progresso ilimitado se desfez e entra em cena um aspecto central: a precedência da coexistência sobre a existência individual; solidariedade e cooperação com as pessoas diretamente atingidas pela avassaladora enchente.

O fim da ilusão deixa claro que a calculabilidade antropocêntrica da racionalidade moderna é ingênua e que a visão cosmocêntrica dos povos originários e das tradições taoista e confuciana chinesas podem ser mais racionais do que se pensou até então. Tudo isso parece indicar que a racionalidade relacional deve preceder a racionalidade individual: os insetos, os ratos, os pássaros, as cobras, os sapos, os coelhos e lobos são tão centrais quanto os jatobás, as gameleiras, os guanandis, quanto todas as árvores e arbustos, gramas e gramíneas; que a floresta é tão central quanto o fluxo natural do rio, que o "centro" é o cosmos e não apenas uma das espécies que habitam o planeta; que a produção de bens e de alimentos para o consumo da espécie humana deve estar rigorosamente subjugada à coexistência de todos os seres animados e inanimados do planeta, e não ao interesse individual de uma única espécie. O fim da ilusão se mostra através da devastação violenta das águas que perderam seu curso, fluxo e margens florestais. O fim da ilusão da racionalidade extrema e progresso ilimitado nos alerta para o que ainda está por vir, porque as geleiras dos polos ainda não reagiram significativamente, mas ainda reagirão.

Nota

1. Ocorre anualmente na Aldeia Mutiétnica um encontro entre diferentes etnias indígenas do Brasil. O histórico dos encontros pode ser visto no site da Aldeia: https://aldeiamultietnica.com.br/.

Referências

ZHAO, Tingyang. *Alles unter dem Himmel*: vergangenheit und zukunft der weltordnung. Suhrkamp: Berlin, 2020.

WEBER, Max. *Gesammelte aufsätze zur religionssoziologia I*. Mohr Siebeck Verlag: Tübingen, 1988.

KRENAK, Ailton. *Ideias para adiar o fim do mundo*. São Paulo: Companhia das Letras, 2019.

KRENAK, Ailton. *A vida não é útil*. São Paulo: Companhia das Letras, 2020.

KOPENAWA, Davi; ALBERT, Bruce. *A queda do céu*: palavras de um xamã yanomami. Companhia das Letras: São Paulo, 2010.

Mariana Hase Ueta
Universidade Estadual de Campinas
Niklas Weins
Xi'an Jiaotong-Liverpool University, China

Comunicadores interculturais na construção de um futuro sino-brasileiro[1]

Resumo: Diante dos grandes desafios de comunicação entre Brasil e China, se faz necessária a abertura de canais de comunicação que tragam informações e estejam engajados na construção de conhecimento que consolide uma relação baseada em conhecimento e respeito mútuo em direção a um futuro conjunto. No presente artigo apresentamos quatro projetos que são liderados por jovens brasileiros que em diferentes frentes e mídias buscam inaugurar novas perspectivas de comunicação entre os dois países.

Palavras-chave: comunicação, juventude, mídias, Brasil, China.

Résumé: Face aux grands défis de communication entre le Brésil et la Chine, il est nécessaire d'ouvrir des canaux de communication qui apportent des informations et qui s'engagent dans la construction de connaissances consolidant une relation fondée sur le savoir et le respect mutuel en vue d'un avenir commun. Dans cet article, nous présentons quatre projets dirigés par de jeunes Brésiliens qui, à travers différentes plateformes et médias, cherchent à inaugurer de nouvelles perspectives de communication entre les deux pays.

Mots-clés: communication, jeunesse, médias, Brésil, Chine.

Abstract: Given the great communication challenges facing Brazil and China, it is necessary to open channels that bring information and engage in the construction of knowledge that consolidates a relationship which is based on knowledge and mutual respect, and which is oriented towards building a joint future. This article presents four projects led by young Brazilians who, on different fronts and medias, seek to inaugurate new perspectives of communication between the two countries.

Keywords: communication, youth, media, Brazil, China.

A trajetória do Brasil em direção ao futuro é tecida a partir de relações interculturais no âmbito doméstico, sendo rico em comunidades migratórias que enriquecem a cultura dominante do país assim como as suas relações com o mundo. Um dos mais importantes parceiros desde o começo dos anos 2000 é a China. O que se iniciou em 1993 com o estabelecimento da Parceria Estratégica, se intensificou com o boom das commodities dos anos 2000 e passa nos anos conseguintes por desafios de consolidação. Desafios de comunicação que antes variavam entre o medo de uma desindustrialização do país e a esperança do desenvolvimento do país gerado pelo comércio com este parceiro, tomaram novas proporções durante a pandemia de 2020. Notícias falsas e inverdades compartilhadas por membros do governo brasileiro estimularam preconceitos sentidos por membros de todas as comunidades brasileiras oriundas do leste asiático e também criaram ruídos no âmbito das relações exteriores. As incomunicações oriundas da parceria estratégica e mais tarde dos BRICS ficaram sujeitas a um esforço no sentido de estimular a acomunicação – o rompimento, sobretudo a partir do governo Bolsonaro.

Desta forma, se faz ainda mais urgente o estabelecimento de canais de comunicação que tragam informações e estejam engajados na consolidação de uma relação baseada em conhecimento, respeito mútuo e grandes complementaridades econômicas entre Brasil e China, para trabalhar rumo a um futuro crescentemente conjunto e mutuamente benéfico. Diferentes projetos surgidos de formas independentes, concebidos para superar a incomunicação com nosso novo maior parceiro comercial, surgiram na década de 2010, majoritariamente liderados por jovens, e empregam diferentes meios como mídias sociais, jornalismo, cinema, organizações da sociedade civil e meios acadêmicos. Desta forma, diferentes audiências foram atingidas e novas vozes brasileiras promoveram iniciativas de comunicação tanto para audiências brasileiras quanto entre os dois países.

No presente artigo apresentamos quatro projetos liderados por jovens brasileiros da área de Ciências Sociais e Comunicação engajados em diferentes frentes e mídias buscando circular informações e construir conhecimento sobre a China no Brasil: *Seminário Pesquisar China Contemporânea*, *Shumian*, *Sabe* a *China*? e *Looking China*.

O *Seminário Pesquisar China Contemporânea* foi organizado pela primeira vez em 2017 por um grupo de estudantes de pós-graduação da Universidade Estadual de Campinas (Unicamp) liderado por Mariana Hase Ueta, Mariana Barbieri e, a partir de 2019, Niklas Weins. O *Seminário Pesquisar China Contemporânea* se tornou o principal encontro de alunos de pós-graduação na área de estudos da China e em 2024 caminha para sua oitava edição. Esse encontro anual já reuniu centenas de pós-graduandos e jovens pesquisadores brasileiros dedicados aos Estudos da China e às relações Brasil-China, em universidades de todo o país e tem como objetivo dar visibilidade aos pesquisadores que estão iniciando sua jornada nos estudos sobre a China e promover a cooperação e o trabalho colaborativo para a construção de uma perspectiva brasileira sobre a China. Nos últimos anos, contou com pesquisadores das áreas de Ciências Sociais e Humanas, Relações Internacionais, Economia, Política, Demografia, Estudos Ambientais, História, Filosofia, Literatura, entre outras.[2]

A "书面_Shumian" é uma newsletter – oferecida em português e espanhol e também conta com um podcast – sobre a China fundada em 2018 por Gabriel Dolabella, Jordy Pasa, Júlia Rosa e Lívia Machado Costa, que buscaram estabelecer pontes de entendimento, criar novas oportunidades e otimizar as relações políticas, econômicas e culturais entre a China e a América Latina. O projeto nasceu quando os cofundadores estavam estudando na China, alguns fazendo mestrado, outros fazendo intercâmbio da graduação, e se indignaram com a cobertura sobre China no Brasil nos grandes veículos de comunicação que não refletiam o que estavam aprendendo e vivenciando. A China era sempre colocada como objeto exótico, estranho, e que não fazia jus a importância econômica e mesmo cultural e histórica da China para o Brasil, para a região e para o mundo.

O "Sabe a China?" teve como estratégia o engajamento através das mídias sociais (Instagram e Twitter) e foi criado em 2019 por Talita Pinotti e Guilherme Mattos, como um projeto educacional, cujo objetivo final era contribuir para a ampliação do debate público sobre a China no Brasil. Por mais que houvesse plataformas como a Shumian e reportagens na *Folha*, *El País*, etc. por pessoas bem qualificadas construindo narrativas e reportagens sobre a China, ainda não havia no Brasil uma plataforma que explicasse questões mais simples da China. O projeto nasceu da vontade de mostrar para um público mais jovem assuntos fundamentais e basilares que são essenciais para entender melhor as notícias, mas que não têm espaço suficiente para serem desenvolvidas no jornal. A ideia do *Sabe a China?* foi prover material para um público jovem em um momento anterior à entrada na universidade para poder construir as bases, para posteriormente acessar conhecimentos mais complexos.

O "看中国 Looking China" é um projeto iniciado pela Academy for International Communication of Chinese Culture. O Looking China Youth Film Project convida todos os anos jovens cineastas de todo o mundo para irem à China e criarem curtas-metragens sobre diferentes temas da sociedade, da cultura e da vida chinesas. No Brasil, a equipe é liderada pela professora Cecília Melo, da Escola de Comunicações e Artes (ECA) da Universidade de São Paulo (USP).

A emergência destes quatro projetos deixa evidente a necessidade do estabelecimento de plataformas de informação e a importância da formação de comunicadores interculturais. Estes comunicadores são responsáveis não apenas por trazer informação, mas constroem perspectivas brasileiras sobre a China no decorrer do seu trabalho. O trabalho da comunicação intercultural vai além da compreensão do contexto cultural distinto e da mediação das informações, mas os frutos de seu trabalho são substratos para imaginar futuras direções para as relações sino-brasileiras. As universidades brasileiras, como por exemplo a Unicamp que formou o primeiro programa de pós-graduação com uma linha de pesquisa focada nas relações Brasil-China, exercem papel preponderante nesta área, oferecendo cursos, palestras e um ambiente que incentiva a cooperação entre pesquisadores brasileiros e chineses.

A natureza do regime chinês e sua transformação na economia que mais cresce no mundo, e a ligação com a urbanização e a mudança cultural, são forças que moldarão o futuro do mundo. No entanto, essas dimensões da vida real das pessoas no dia a dia são ignoradas na literatura ocidental, que presume que o governo comunista controla tudo e é o único responsável pelo sucesso e pelos fracassos da China contemporânea, e até mesmo pela Covid-19. Estes preconceitos e visões míopes da realidade chinesa que desafiam as categorias ocidentais são grandes desafios na formação de comunicadores interculturais que possam entender a experiência chinesa no seu contexto e sua singularidade, e depois traduzir de maneira inteligível para a audiência brasileira.

Os imaginários sobre direções desejáveis de desenvolvimento que vêm do diálogo sino-brasileiro terão grande impacto sobre o mundo e, portanto, uma comunicação mais bem informada entre os dois países é crucial.

No Brasil, em geral, sabemos muito pouco sobre a Ásia, e isso também se aplica a todas as humanidades e as ciências sociais aplicadas (Oliveira e Masiero, 2005). Isto ocorre em um momento em que a comunicação se torna mais importante porque o centro econômico do mundo está se deslocando para este continente. Assim, os esforços são feitos, por toda parte, de modo a contribuir com novos pontos de vista principalmente entre jovens: alunos, trabalhadores, cidadãos que estão expostos principalmente a perspectivas estrangeiras provenientes de agências de comunicação norte-americanas e europeias. A China, assim como o Brasil, ao longo de sua história também foi objeto de muitas pesquisas sociológicas e antropológicas realizadas por pesquisadores do Atlântico Norte, que muitas vezes revelaram suas visões etnocêntricas e coloniais e não conseguiram entender as questões em seus contextos locais de significado social.

A China e o Brasil veem na cooperação acadêmica a possibilidade de estabelecer relações mais simétricas que ofereçam benefícios mútuos. Mas a falta de conhecimento ainda é um grande impedimento. A Unicamp é pioneira nos estudos sobre a China no Brasil[3]: dentre as três principais obras escritas nas Ciências Humanas sobre a China no Brasil: a compilação dos textos de Gilberto Freyre posteriormente publicados em "China Tropical" (2003), "A Bahia e a Carreira da Índia" (1968) de José Roberto do Amaral Lapa e "A China no Brasil" (1992) de José Roberto Teixeira Leite, os dois últimos eram professores dessa instituição. Em 2001, o termo BRIC aproximou o Brasil e a China e, em 2009, a China se tornou o maior parceiro comercial do Brasil. À medida que a importância dessa Parceria Estratégica crescia e se tornava mais complexa, também crescia a urgência de ter pesquisadores e mediadores versados em temas sobre o país. Construir pontes de entendimento e comunicação entre a China e o Brasil parece ser essencial do ponto de vista brasileiro, para estabelecer um relacionamento estratégico e mutuamente benéfico.

Os capítulos dessa cooperação foram escritos pelas gerações que nos antecederam, e a juventude agora se junta a esse esforço para desenvolver o campo de estudos chineses no Brasil. Depois de mais de 18 anos de contato com a China, a Unicamp contribui à publicação de três obras importantes "costurando sociologias de baixo para cima": o "Manual sobre Estratificação Social nos países do BRIC" (Li Peilin *et al.*, 2013) e o "Manual sobre Sociologia da Juventude nos países do BRICS" (Dwyer *et al.*, 2018), e o livro "Jovens Universitários em um Mundo em Transformação: uma pesquisa sino-brasileira" (Dwyer *et al.*, 2016), a fim de apresentar áreas temáticas de interesse em comum entre os países, e que podem servir de substrato para que novas pesquisas comparativas e colaborativas sejam desenvolvidas. De fato, essas experiências foram tão importantes para reconhecer as dificuldades de entender o outro quanto para identificar o grande potencial de aprendermos uns com os outros. Também foi publicado em 2023 o livro "How China is Transforming Brazil" (Hase Ueta, Alencastro e Pinheiro-Machado, 2023) reunindo contribuições de vários jovens pesquisadores brasileiros que participaram do *Seminário Pesquisar China Contemporânea*. Ao trazer à tona uma nova geração de acadêmicos brasileiros, este livro consolida os estudos desenvolvidos na última década e promove uma nova abordagem das relações Brasil-China, escrita a partir da perspectiva do Sul Global.

O que se observa, muitas vezes, são grandes incompreensões sobre a China, simplesmente pela falta de acesso a material bibliográfico adequado, ou de professores que orientam sobre um assunto que tem muito demanda – mas pouquíssima formação de recursos humanos especializados – e nas universidades públicas quase nenhum espaço para recrutamento ou de mudança de visão sobre a importância do entendimento da China. Em um contexto onde houve pouca influência dos estudos sobre a China na formação de uma apreciação geral daquele país, há profundos mal-entendidos em outro nível. A dedicação de professores e pesquisadores brasileiros e chineses na formação de comunicadores interculturais confirma o compromisso contínuo de estabelecimento de entendimento e cooperação pelas novas gerações. Este breve capítulo procura ser um farol para aqueles que estão engajados a combater as acomunicações e inaugurar novas possibilidades de comunicação em um processo de reconhecimento mútuo em cada país.

Notas

1. Nota: Esse texto é baseado na sessão "Jovens Comunicadores" que ocorreu em setembro de 2021, como parte do 5º Seminário Pesquisar China Contemporânea na Universidade Estadual de Campinas. Esta edição deu destaque especial a jovens comunicadores que trabalham diretamente na comunicação intercultural e assim na construção da relação sino-brasileira. Os representantes de quatro projetos de diferentes âmbitos e escopos que trabalham com a comunicação sino-brasileira apresentaram algumas das questões-chave dos jovens comunicadores, as suas motivações e forças motrizes pelas quais começaram os projetos. A conversa está disponível no canal de YouTube do Instituto de Filosofia e Ciências Humanas da Unicamp.
2. Para mais detalhes sobre o histórico do seminário, veja Hase Ueta, Weins e Mazzeo, 2023, no livro "China e Brasil diante dos desafios do desenvolvimento sustentável", organizado por Souza e Schutte (2023).
3. Para mais detalhes veja Entrevista com Prof. Thomas Dwyer no canal de YouTube do IFCH da Unicamp sobre a importância dos acadêmicos da Unicamp no estudo das ciências humanas sobre a China.

Referências

DWYER, T.; ZEN, E. L.; WELLER, W.; JIU, S.; GUO, K. Jovens universitários em um mundo em transformação: uma pesquisa sino-brasileira. 2016. http://icts.unb.br/jspui/bitstream/10482/38515/1/Livro_JovensUniversitariosMundo.pdf.

DWYER, T. Empirical studies of youth in contemporary brazilian civilization and some implications for the BRICS, p. 841-860. *In*: DWYER. T.; GORSHKOV, M. K.; MODI, I.; LI C.; MAPADIMENG, M. S. (ed.). Handbook of the sociology of youth in BRICS countries. *World Scientific*, 2018. http://hdl.handle.net/20.500.11910/13668.

FREYRE, G. *China tropical*: e outros escritos sobre a influência do Oriente na cultura luso-brasileira. Brasília: Editora Universidade de Brasília, 2003.

HASE UETA, M.; WEINS, N. W.; MAZZEO, R. 7º Seminário Pesquisar China Contemporânea: a pós-graduação na construção de uma perspectiva brasileira sobre a China. *In*: SOUZA, A. T. L. M.; SCHUTTE, G. R. *China e Brasil diante dos desafios do desenvolvimento sustentável*. 2023. DOI:10.54466/sorianed.978-65-5453-202-0.

HASE UETA, M.; ALENCASTRO, M.; PINHEIRO-MACHADO, R. (ed.). *How China is transforming*

Brazil. Palgrave Macmillan, 2023. https://doi.org/10.1007/978-981-99-3102-6.

LAPA JR. *A Bahia e a carreira da Índia*. São Paulo: Companhia Editora Nacional, 1968.

LEITE, J. R. T. *A China no Brasil: influências, marcas, ecos e sobrevivências chinesas na arte e na sociedade do Brasil*. Tese de Doutorado. Universidade Estadual de Campinas, 1992. https://doi.org/10.47749/T/UNICAMP.1992.75899.

LI, P.; GORSHKOV, M. K.; SCALON, C.; SHARMA, K. L. (ed.). Handbook on social stratification in the BRIC countries: change and perspective. *World Scientific*. 2013. https://doi.org/10.1142/8398.

OLIVEIRA, H. A.; MASIERO, G. Estudos asiáticos no Brasil: contexto e desafios. *Revista Brasileira de Política Internacional*, v. 48, n. 5, 2005. .https://doi.org/10.1590/S0034-73292005000200001.

Brenda Carranza
Laboratório de Antropologia da Religião - Unicamp
Magali Cunha
Instituto de Estudos da Religião (ISER/RJ)

Mídia religiosa brasileira: caixa de ressonância da desinformação

Resumo: Os grupos religiosos conservadores investiram nas mídias digitais, gerando o aumento exponencial da presença de sacerdotes e pastores midiáticos, cantores *gospel*, *youtubers*, *instagramers*, *coaches* e influenciadores. Com base em dados disponíveis na web e no repertório de checagem de informações da mídia religiosa do Coletivo Bereia, discutimos como o ecossistema de desinformação instalado no Brasil, nos últimos cinco anos, encontrou na mídia, católica e evangélica, uma caixa de ressonância.
Palavras-chave: influencers, mídia religiosa, conservadorismo, desinformação, bolsonarismo.

Résumé: Les groupes religieux conservateurs ont investi dans les médias numériques, entraînant une augmentation exponentielle de la présence de prêtres et pasteurs médiatiques, chanteurs gospel, youtubeurs, instagrammeurs, coachs et influenceurs. En nous basant sur des données disponibles sur le web et sur le répertoire de vérification des informations des médias religieux du Collectif Bereia, nous discutons de la manière dont l'écosystème de désinformation installé au Brésil ces cinq dernières années a trouvé une caisse de résonance dans les médias catholiques et protestants.
Mots-clés: influenceurs, médias religieux, conservatisme, désinformation, bolsonarisme.

Abstract: Conservative religious groups have invested in digital media, generating an exponential increase in the exposition of priests and media pastors, gospel singers, YouTubers, Instagramers, coaches and influencers. Based on data available on the web and the Bereia Collective's religious media information checking repertoire, we discuss how the disinformation ecosystem installed in Brazil over the last five years has discovered a sounding board in both Catholic and protestants media.
Keywords: influencers, religious media, conservatism, disinformation, Bolsonarism.

A partir da segunda década do século XXI, a desinformação popularizou-se graças aos avanços tecnológicos que permitem simplificar os processos de manipulação e fabricação de conteúdo, ampliando exponencialmente nas mídias sociais falsidades disseminadas ora por Estados, políticos populistas, ora por corporações, entidades desonestas e até por segmentos religiosos. No Brasil, a propagação de desinformação com temática religiosa em mídias sociais e as notícias mentirosas, enganosas ou duvidosas em mídias religiosas é um assunto cada vez mais sensível.

Considerado pelo *Ownership Monitor* uma das mídias religiosas mais consolidadas da América Latina, o segmento religioso brasileiro detém nove dos 50 veículos de comunicação com maior difusão no país (MOM, 2017). Nesse poderio cristão são incluídos jornais, redes de TV, radiofonia (AM, FM, comunitária), editoras, gravadoras e milhares de websites e perfis em mídias sociais. Historicamente a vantagem comparativa recai nos evangélicos, cujo proselitismo impulsionou a busca de todos os meios de comunicação social na expansão de sua missão. A Igreja Católica chega tardiamente, no final dos anos de 1990, na apropriação da cultura midiática como campo evangelizador. Porém, com o advento da internet a relação entre igrejas e mídia mudou radicalmente, com a propagação de milhares de websites e perfis em mídias sociais de todas as denominações cristãs, ligados formal e informalmente a instituições, criados por grupos e/ou indivíduos. Tais espaços digitais vão desde os mais sofisticados, pertencentes a grupos de mídias e influencers, até os mais artesanais (Cunha, 2019).

Tal processo abriu mais espaço para encontros, troca de ideias, debates, informações, divulgações. A dimensão da comunicação como interação/comunhão fica potencializada, facilita a socialidade cristã e a evangelização e, ainda, possibilitou visibilidade a religiosos midiáticos, católicos e evangélicos, que ganham espaço na política e melhoram sua performance na esfera pública. Nesse contexto, emerge um ativismo político-midiático que tem na desinformação uma estratégia.

Ao localizar o lugar das mídias religiosas na cena pública nos últimos cinco anos, afirmarmos que elas integram o ecossistema de desinformação, entendida essa como uma trama intencional, organizada e rica em recursos humanos e financeiros que usa a desordem da informação para interferir em temas de interesse público e obter ganhos políticos e financeiros (Wardle, 2017).

De outro lado, essa produção e disseminação intencional e massiva de informações descontextualizas interfere no direito de acesso à informação cidadã, preconizada pelos organismos internacionais de defesa da liberdade de expressão. Vale enfatizar que a desinformação é caracterizada não apenas pelo que é falso (*fake news,* como popularmente denominada) mas pode ser também a manipulação de conteúdo de forma enganosa, imprecisa ou inconclusiva. Com isso, a inverdade instala-se sobre determinados assuntos que preocupam a sociedade, tanto na desqualificação de informações quanto nas inúmeras tensões e conflitos entre indivíduos, famílias e grupos sociais.

Não obstante, é no governo Bolsonaro (2018-2022) que constatamos a maneira como a desinformação encontrou eco em determinados grupos conservadores cristãos, ao aderir incondicionalmente à agenda negacionista e à política de caos que marcou a gestão pública, especialmente durante a pandemia de Covid-19 (Carranza, 2022). Eles endossaram religiosamente as narrativas governamentais com argumentos de providência divina à relativização da crise sanitária, demonizaram a vacina e preconizaram uma pedagogia divina perante a origem pecaminosa da pandemia.

Ao mesmo tempo, nas mídias sociais a trama da "teia de desinformação" contribuiu na desordem informativa e dificultou a contenção da pandemia (Bandeira e Carranza, 2020). Parlamentares e lideranças evangélicas deflagraram ações de apoio à condução da pandemia, como o Dia do Jejum Nacional e a celebração da Páscoa no Planalto, enaltecendo nas orações às autoridades inequivocamente inspiradas por Deus.

Foi nesse período pandêmico que a mídia religiosa digital, católica e evangélica, dá um salto qualitativo. As lideranças pastorais de inúmeras igrejas e paróquias promovem a imediata migração para os serviços remotos no intuito de manter a oferta de seus bens simbólicos de salvação, práticas religiosas e solidariedade à freguesia (Stephanini,

Brotto, 2021). Perante essa mudança forçada, pastores, sacerdotes, lideranças e parlamentares religiosos constataram o surgimento de audiências inusitadas que revelaram o surgimento de um novo poder de capilarização de suas mensagens e a emergência de um outro lugar de fala e da autoridade religiosa que, paradoxalmente, escapava ao controle institucional (Cunha, 2023).

O potencial da desinformação na nova autoridade digital

É dessa cultura digital consolidada que emergem, sob roupagem de autoridade religiosa, as incontáveis celebridades religiosas como os padres e pastores midiáticos, cantores *gospel*, blogueiros, *youtubers*, *instagramers*, *coaches* cristãos com alto potencial de mobilização social, sobretudo naquelas pautas ligadas à moralidade cristã cara aos grupos conservadores (Aguiar 2023). Dessa constelação de mediadores digitais surgem os influencers religiosos, tornando-se referência para o modo de pensar, agir, ver o mundo, nos ambientes religiosos pautados pelas mídias digitais. Parte do impacto desses influenciadores advém do capital simbólico institucional do qual são portadores. Alicerçados nele é que os influencers desempenham um papel fundamental na produção de sentidos e afetos, mediados por conteúdos religiosos e espirituais, e fidelizam os fiéis consumidores nas mídias sociais e religiosas (Medeiros, 2024).

Com bagagem religiosa, tais influenciadores ocupam um destaque especial no tráfego de desinformação nas mídias religiosas. É o que mostra o repertório, de mais de 550 checagens publicadas, até o encerramento deste texto, do Coletivo Bereia, criado, em 2019, para contrapor desinformação que circula em ambientes digitais religiosos.

Segundo o Bereia o processo de produção de desinformação é simples pois o influencer organiza e publica, intencionalmente, uma informação falsa ou imprecisa, geralmente no formato de notícia para criar mais veracidade, valendo-se até mesmo de dados científicos e/ou jurídicos adaptados. Esse conteúdo circula pelas plataformas mais populares como WhatsApp, Facebook, Instagram, YouTube, Twitter, assumindo nos espaços religiosos caráter de sabedoria e verdade. A capilarização desses influencers adquire maior alcance quando nos ambientes religiosos a desinformação é disseminada, voluntariamente, por quem acredita ou se identifica com ela, alcançando um sem-número de pessoas. A credibilidade do conteúdo compartilhado assenta-se na confiança, gerada nos vínculos comunitários, o que faz com que a desinformação seja apenas repassada.

Podemos destacar alguns desses influencers religiosos que mais têm se destacado na produção e publicação de desinformação em ambientes digitais. Entre outros, encontramos o autodenominado "cristão" Felipe Martins, ex-assessor internacional de Bolsonaro, investigado pelo Supremo Tribunal Federal (STF), por participar dos atos antidemocráticos de 8 de janeiro de 2023; o católico Allan dos Santos, blogueiro e *youtuber* da extrema direita, criador do website *Terça Livre*, foragido da justiça e refugiado nos EUA; o também católico ultraconservador Bernardo Pires Küster, blogueiro, *youtuber*, fundador do website *Brasil Sem Medo*, militante tradicionalista com ampla audiência entre a juventude. Todos eles indiciados, tanto no relatório da Comissão Parlamentar Mista de Inquérito (CPMI) da Covid-19, por disseminar notícias falsas sobre a pandemia, quanto nos inquéritos de ataques à democracia conduzidos pelo STF.

Há também os influencers com grande poder de mobilização entre as igrejas evangélicas, como o pastor, que atua no apoio a Jair Bolsonaro, Silas Malafaia, com 3,3 milhões de seguidores no Instagram, 1,5 milhão de inscritos no canal no YouTube, 1,4 milhão de seguidores no Twitter e 3,2 milhões de seguidores no Facebook. Malafaia é constantemente condenado pela Justiça por difundir notícias falsas sobre comunidades LGBTQI+, movimentos sociais, associando-os ao aumento de pedofilia e uso de drogas recreativas, por exemplo.

Além da temática moral, o líder da Igreja Batista Lagoinha, pastor André Valadão, com mais de 13 milhões de seguidores no Instagram e mais de 9,5 milhões de curtidas no TikTok, é acusado de disseminar notícias falsas sobre homofobia, intolerância religiosa e xenofobia, reverberando informações enganosas durante o período eleitoral de 2022 e no curso do atual governo Lula. Soma-se a ele a irmã, a pastora e cantora Ana Paula Valadão, condenada pela Justiça por associar a orientação sexual ao surgimento da AIDS e incitar ao ódio e preconceito contra a comunidade LGBTQI+.

Após os conteúdos analisados nas checagens postadas, afirmamos que a ação dos influencers religiosos, e o modo como operam a lógica de desinformação, não fica apenas na criação de narrativas e na produção discursiva. Eles se engajam numa militância negacionista, no caso da pandemia, ou participam em atos antidemocráticos e/ou assumem cruzadas reativas contra movimentos sociais pró-direitos.

Desta forma, esses influenciadores ultrapassam os limiares retóricos no uso deliberado de conteúdo falso, enganoso, impreciso, popularmente conhecido como *fake news*. Mais ainda, em nome da defesa dos valores cristãos fustigam sentimentos públicos que, na prática, enveredam pela intolerância, o estranhamento do diferente à criminalização do antagônico. Em outras palavras, as narrativas estruturam imaginários que embasam ações que legitimam a defesa da moralidade pública, no caso a cristã. A desinformação, portanto, é uma arma estratégica, efetiva e afetiva, com consequências sociais perniciosas e quando reverberada nos ambientes religiosos ela adquire matizes de sacralidade, potencializando, ainda mais, seu poder nefasto.

Referências

BANDEIRA, O.; CARRANZA, B. Reactions to the pandemic in Latin America and Brasil: are religions essential services? *International Journal of Latin American Religions* 4 (25), p. 170-193, 2020.

CARRANZA, B. La derecha cristiana brasileña: proyecto de poder político. *In*: GUADALUPE, José Luis Pérez (ed.). *Pastores & políticos, el protagonismo evangélico en la política latino-americana*. Lima: Instituto de Estudios Social Cristianos, Konrad Adenauer Stiftung, 2022. p. 47- 87.

CUNHA, M. N. Os processos de midiatização das religiões no Brasil e o ativismo político digital evangélico. *Revista Famecos*, Porto Alegre, 26 (1), ago. 2019.

CUNHA, M. N. Evangélicos nas mídias em tempos de desinformação e pós-verdade. *In*: VON SINNER, Rudolf; BOVKALOVSKI, Etian Caloy; MENDES, Geovani Viola Moretto (ed.). *As humanidades em tempos de pós-verdade*. Curitiba: PUCPRESS, 2023. p. 153-176.

MEDEIROS, F. F. Autorreferência, humor e fama: quando o entretenimento atravessa a evangelização. *In*: MEDEIROS, Fernanda Faria *et al*. *Influenciadores digitais católicos*: efeitos e perspectivas. São Paulo: Ideias & Letras; Paulus Editora, 2024, p. 43-91.

MOM. Participação religiosa na mídia brasileira. Midia, Ownership, *Monitor Brasil* 2017. https://brazil.mom-gmr.org/br/destaques/participacao-religiosa-na-midia/.

STEPHANINI, V.; BROTTO, J. C. O. A quebra de paradigmas religiosos em tempos de pandemia: dos templos para as casas e para as mídias. *PLURA, Revista De Estudos De Religião/Journal for the Study of Religion*, 12(1), 2023, p. 61–79.

WARDLE, C. Fake news: it's complicated. *First Draft News*, v. 16, 2017.

Álvaro Nunes Larangeira
Pontifícia Universidade Católica do Rio Grande do Sul
Juremir Machado da Silva
Pontifícia Universidade Católica do Rio Grande do Sul

Mutações discursivas da aporofobia: a perseguição ao padre Júlio Lancellotti[1]

Resumo: Este texto tentará responder a uma questão simples e inquietante: qual a causa profunda da perseguição ao padre Júlio Lancellotti, religioso que pratica trabalho assistencial em São Paulo? A hipótese a ser explorada é de uma nova expressão de "aporofobia", fenômeno corrente na América Latina.
Palavras-chave: aporofobia, Júlio Lancellotti, Brasil, comunicação, ideologia.

Résumé: Ce texte essayera de répondre à une question simple et troublante : quelle est la cause profonde de la persécution au Père Júlio Lancellotti, un religieux qui exerce le travail d'assistance à São Paulo ? L'hypothèse explorée est une nouvelle expression de « l'aporophobie », phénomène courant en Amérique Latine.
Mots-clés: aporophobie, Júlio Lancellotti, Brésil, communication, idéologie.

Abstract: This text will attempt to answer a simple and disturbing question: what is the root cause of the persecution of Father Júlio Lancellotti, a Catholic priest who practices social assistance work in São Paulo? The hypothesis being explored is a new expression of "aporophobia".
Keywords: aporophobia, Júlio Lancellotti, Brazil, communication, ideology.

Aporofobia

Aporofobia ganhou dimensão conceitual contemporânea no começo dos anos 2000 com o trabalho da filósofa espanhola Adela Cortina. Em 2017, aporofobia foi escolhida a palavra do ano pela *Fundación del Español Urgente* (Fundéu BBVA). Em 2022, no Brasil, foi aprovada a lei 14.489, que ficaria conhecida como "Lei Padre Júlio Lancellotti", de proteção a pessoas em situação de rua. Um percurso é esboçado.[2] Um preconceito ganha nome. Denominado, encontra o caminho de uma pessoa, Júlio Lancellotti. O traçado constituído gera uma grade de ocupação do espaço. Quanto mais um ator social é identificado positivamente com um dispositivo de combate à discriminação, mais parece produzir, em contrapartida, um campo de forças antagônico, negativo e causador de efeitos deletérios. A culpa não pode estar, porém, no polo positivo.

Coerções são disparadas para enquadrar o agir do padre Lancellotti de maneira a contê-lo num espaço narrativo consolidado, destinado a se autorreproduzir passivamente? Não seriam votos que Lancellotti ameaça, mas uma visão do mundo dos pobres e da relação possível e desejada com ele? Um dos capítulos da obra de Adela Cortina tem um título altamente provocativo: "Nosso cérebro é aporófobo". Provocativo, neste caso, remete à ideia de fazer a vocação da coisa vir à tona, entendendo-se por vocação aquilo que diz mais sobre algo do que o dito por esse algo na sua legenda autodefinida e indulgente. O próprio do discurso autorreferido é a boa imagem de si mesmo. Nesse sentido, cabe perguntar: a academia está atenta ao que ocorre com Júlio Lancellotti ou se exime empurrando a indagação para a mídia?

Adela Cortina entende que o ser humano é biologicamente egocêntrico. Segundo ela, "as pessoas preferem aqueles que têm a mesma aparência e falam como elas", protegendo-se instintivamente do desconhecido, pois "o estranho produz insegurança e desconforto" (Cortina, 2020, p. 85). Um problema suplementar aparece quando esse "estranho" é tão familiar, um "igual que se extraviou" por ter caído no mundo das drogas.

Em se tratando de aporofobia o medo não parece remeter ao "bárbaro" que invade um espaço ocupado e murado, mas justamente o horror ao mesmo, ao próximo que se afundou na pobreza, como se isso representasse uma dupla ameaça: aos bens dos possuidores de riquezas; e ao equilíbrio existencial desse observador com suas posses tranquilizadoras e contabilizadas. Medo de ser o próximo? De cair no vazio? De sair do espaço seguro da vida com bens e relações? Se o caminho da pesquisa em ciências sociais aplicadas é um caminho da indagação encarnada, as respostas, em algum momento, precisam deixar de ser especulativas. Todo pesquisador precisa ir onde o pesquisado está. Pode ir diretamente ou por meio dos materiais produzidos sobre determinado assunto. Por exemplo, o que diz, de fato, a mídia sobre o "caso" Júlio Lancellotti e sobre seus poderosos perseguidores?

O termo "poderosos" é usado aqui num sentido literal, descritivo, denotativo: aqueles que são detentores de poder. Um vereador que opera para abrir uma Comissão Parlamentar de Inquérito (CPI) para investigar a ação de alguém, como o padre Júlio Lancellotti, é poderoso: oficialmente tem poder e pode dispor-se a usá-lo. Se esse poder vem a ser utilizado para constranger o objeto da ação dessa força institucionalizada, tem-se um poder em ato. O vereador Rubinho Nunes (União Brasil), proponente da CPI contra Lancellotti, declarou: "Vou fazer um raio-x, vou fazer um exame nas entranhas desse sujeito. Todo mundo vai saber o que tem por trás do Lancellotti. Esse padre vai ter que vir aqui prestar esclarecimento na Câmara. Vou arrastar ele para cá em coercitiva, nem que seja algemado".[3] O que o mobiliza?

No discurso aparente, suposta atividade irregular do "objeto" da investigação, uso indevido de verbas públicas. Alegação prontamente desmentida por inúmeros agentes sociais institucionalizados, como a cúpula da igreja católica em São Paulo.[4] E se o que incomoda é o fato do "objeto" se constituir cada vez mais como sujeito? Um sujeito que se formaliza como ponto ativo de contato com pessoas marginalizadas e em relação às quais os poderes constituídos não sabem como agir, oscilando entre a repressão e o discurso "medicalizado". Oscilação entre o desejo de expulsão, de inviabilização pelo deslocamento para lugares distantes, e o recuo face às consequências midiáticas de tal escolha e a ineficácia prática de tal determinação. O que fazer com esse outro, que é somente um próximo, diante da impossibilidade de devolvê-lo como um imigrante indesejado para o seu país de origem?

Pessoas em situação de rua: miséria, contravenção penal e subversão

O Brasil tem, pelos dados do Instituto Brasileiro de Geografia e Estatística (IBGE) divulgados em dezembro de 2023, 67,8 milhões de pessoas na pobreza e 12,7 milhões na extrema pobreza, levados em consideração os parâmetros do Banco Mundial de US$ 2,15/dia para extrema pobreza e de US$ 6,85/dia para a pobreza adotados pelo instituto.[5] Quarenta por cento da população está sujeita à fome, ou melhor, ao eufemismo "insegurança alimentar", e, pelo Mapeamento Nacional de Conflitos pela Terra e Moradia, 309 mil famílias encontram-se à mercê de despejo ou remoção forçada, abrangendo 1,4 milhão de pessoas.[6] O reflexo deste quadro é mensurável. Levantamento publicado no final de 2022 pelo Instituto de Pesquisa Econômica Aplicada (IPEA), intitulado "Estimativa da População em Situação de Rua no Brasil (2012-2022)", contabilizou 281.472 pessoas em situação de rua no Brasil.[7] Em 10 anos, período no qual a população brasileira cresceu 11%, deu-se o acréscimo de 211% de quem passou a viver na rua, sendo 31% entre 2020 e 2022, quando da pandemia de Covid-19 no país.

A miséria no Brasil é criminalizável, juridicamente falando. O artigo 59 da vigente Lei das Contravenções Penais, decreto-lei nº 3.688 instituído por Getúlio Vargas em 1941, tipifica pena de prisão simples, de 15 dias a três meses, se "entregar-se alguém habitualmente à ociosidade, sendo válido para o trabalho, sem ter renda que lhe assegure meios bastantes de subsistência, ou prover à própria subsistência mediante ocupação ilícita".[8] Até ser revogado em 2009, o artigo 60 punia a mendicância, "por ociosidade ou cupidez", com a mesma penalidade ou aumentada em um sexto a um terço caso praticada "a) de modo vexatório, ameaçador ou fraudulento; b) mediante simulação de moléstia ou deformidade; c) em companhia de alienado ou de menor de 18 anos de idade".[9]

O endosso pragmático, por parte do clero católico, à opção pelos pobres delineada no Concílio Vaticano II (1962-1965) e assumida na Segunda Conferência Geral do Episcopado Latino-Americano, em Medellin, na Colômbia, em 1968, acentuou na ditadura militar a desconfiança com as atividades eclesiásticas e o movimento religioso passou a ser rastreado pela comunidade de informações. Relatórios mensais, "abordando a gradual comunização da igreja romana as teologias da violência e da libertação no Brasil"[10], eram redigidos pelos centros de espionagem e enviados à agência central do Serviço Nacional de Informações (SNI), para o repasse às regionais e aos serviços de inteligência do Ministério da Justiça, da Polícia Federal, do Exército, da Marinha e da Aeronáutica.

Padre Júlio Lancellotti: acolhimento da população das ruas e remoção das pedras e muros no meio do caminho

À frente faz 39 anos da Paróquia São Miguel Arcanjo, na Mooca, zona leste da capital paulista, o padre Júlio Lancellotti ingressou na Pastoral do Menor em 1980, foi designado Vigário Episcopal para o Povo da Rua por Dom Paulo Evaristo Arns em 1994 e criou em 1991 a Casa Vida para acolher crianças com HIV e centros comunitários de convivência para atendimento aos sem teto. Em fevereiro último a *Folha de S. Paulo* quis saber/explicar "Por que o padre Júlio Lancellotti é amado e cancelado nas ruas de São Paulo". Na reportagem centrada no entorno da paróquia, um comerciante foi enfático: "[Ele] Encheu isso aqui de moradores de rua". Na continuidade do texto, o jornalista constata: "Assim como [sobrenome do entrevistado], a maior parte da vizinhança atribui ao pároco responsabilidade pela presença de dependentes químicos, furtos, sujeira e desvalorização de imóveis comuns às cenas abertas de uso de crack, as ditas cracolândias".[11] Argumentação, compararia o repórter, semelhante à do vereador Rubinho Nunes.

Mônica Santos de Souza Melo, com a leitura de 100 comentários discordantes em 76 postagens do padre Júlio Lancellotti na rede social Instagram entre 1º e 26 de janeiro de 2022, elencou a tipologia de imaginários sobre a população de rua dos críticos ao trabalho do religioso de assistência aos grupos vulneráveis: para este segmento, pessoas em situação de rua são identificadas a sujidade, drogadição, violência, marginalidade, descarte, ociosidade e perigo (Melo, 2022, p. 216). Em dois comentários, a rejeição à pobreza é naturalizada ao externar seu caráter adjacente do higienismo e segregação sociais: "'É correto o cidadão, o idoso, a gestante ficar em pé para que o morador de rua fique dormindo em um banco de ônibus? É correto não poder andar em uma calçada porque os moradores de rua estão dormindo lá?'; 'Isso não é aporofobia! O morador tem o direito de querer sair de casa e não se deparar com um mendigo'" (Melo, 2022, p. 209 e 210). O incômodo precisa ser removido e o local, higienizado.

Para afastar ou desencorajar moradores de rua a se alojarem em praças, viadutos, marquises e espaços abrigáveis, gentrificadores do espaço urbano e eugenistas liberais (Cortina, 2020, p. 144) recorrem a variados estratagemas, sob a denominação de "arquitetura defensiva", por seus idealizadores, ou "arquitetura hostil", pelos críticos. Defesa do que e contra quem? Da indigência moral contra a indigência socioeconômica. Pedras sobrepostas ou pontiagudas são cimentadas nas superfícies planas sob viadutos e elevadas. Revestimentos metálicos colocados nos parapeitos de janelas e vitrinas. Fechamento ou cobrança pelo acesso a banheiros públicos. Gradeamento e interdição de praças para evitar a junção e pernoites dos moradores de rua. Bancos remodelados com divisórias de ferro impeditivas à acomodação horizontal e, por particulares e condomínios, esguichos de jatos d'água e líquidos ferventes e contratação de seguranças para inibir a presença dos indigentes.

O trabalho do padre Júlio Lancellotti tem sido o de remover pedras e derrubar muros aporofóbicos, seja com uma marreta embaixo de viadutos[12] ou pressionando o poder público a editar leis contra a discriminação aos vulneráveis.[13] Diz saber por que está há quatro décadas na paróquia São Miguel Arcanjo: "Dois motivos explicam essa longa permanência: ninguém quer assumi-la e ninguém me quer em outra paróquia. Eles pensam: se o padre vier, ele trará os 'maloqueiros' atrás", e da razão das frequentes ofensas: "Muitas vezes sou insultado pelos carros que por ali [centro de convivência São Martinho de Lima] transitam simplesmente porque estou ao lado dos mais pobres, dos indefensáveis, daqueles que são prejudicados" (Lancellotti, 2021, p. 4).

A atividade pastoral em defesa dos necessitados acarreta a Lancellotti agressões físicas das forças policiais, como a de 2018 pela tropa de choque da Guarda Civil Metropolitana (GCM), ameaças de morte como a de 2020 por um motoqueiro – "padre filho da puta que defende noia" –; campanha difamatória em 2020 com a pecha "cafetão da miséria" em contas falsas no Facebook pelo candidato à prefeitura paulista Arthur do Val, um dos fundadores do MBL; xingamentos e postagens com adulteração de imagens nas redes sociais por haver indicado em junho de 2021, em missa online, literatura religiosa progressista (Lancellotti, 2021, p. 30-36) e, recentemente, por outro integrante do MBL, Rubinho Nunes, com acusações de assédio sexual a um adolescente de 16 anos, com base em vídeo forjado por Do Val em 2020[14], e ameaça de uma CPI das ONGs atuantes na Cracolândia para averiguar "[...] preocupações éticas, como a exploração de dependentes químicos, a prática de métodos questionáveis de tratamento ou a promoção de interesses particulares [pelo padre Júlio Lancellotti] em detrimento do indivíduo".[15] No cerne das detratações, denúncias, querelas e perseguições, pois "se você está do lado do perseguido, será perseguido também; se está do lado do desvalorizado, será desvalorizado também" (Lancellotti, 2021, p. 35), a aporofobia.

Considerações finais

A repulsa aos resultantes das iniquidades socioeconômicas no Brasil tem um longo histórico. Do escravagismo iniciado no século 16 e reinante até 1888, cujos resquícios contemporâneos se fazem presentes nos rotineiros casos de racismo estrutural e nas materialidades estratificadoras ainda existentes dos elevadores de serviço em prédios das classes média alta e rica e do cômodo diminuto reservado para a empregada doméstica em apartamentos, ao sistema jurídico de penalização do ócio, vadiagem e mendicância, com uma lei de contravenção penal em vigência com condenação prevista para a vadiagem. Houve o tempo de remover pobreza e miséria para os morros e periferias dos centros urbanos, mas agora elas se assentam no meio de nós.

Um terço da população brasileira vive abaixo da linha da pobreza e 5,95%, a da pobreza extrema. Na faixa populacional até 14 anos 49,1% são pobres e 10%, miseráveis e os recenseamentos dos últimos anos dão a conhecer o crescimento exponencial de pessoas em situação de rua. Em consequência, acentuam-se o preconceito, discriminação e intolerância por parte dos incomodados com a visibilidade, demandas, pressão e empoderamento deste segmento estigmatizado, demonstrações essas com maior ocorrência nas mídias e redes sociais virtuais. Tornou-se, então, plausível a elaboração de um termo apropriado para nominar esses rechaço e menosprezo aos vulneráveis e assim surgiu a Aporofobia – aversão, fobia ou ódio aos pobres –, vocábulo novo para algo bem antigo.

A aporofobia metamorfoseia-se em atitudes, falas e propostas preconceituosas, racistas, xenófobas, misóginas, homofóbicas. Em discursos assimétricos de desconsideração ao reconhecimento do direito intrínseco de respeito a todo ser humano. Em normas e implementações por parte do poder público de ações com caráter eugenista e discriminatório. Em cancelamentos pessoais e disseminação proposital de material falso nos ambientes virtuais contra grupos e movimentos empáticos às causas sociais. Na estratificação das pessoas por níveis de validade, utilidade e retorno econômico e no princípio do eucentrismo ético-moral de repúdio ao diferente e ao divergente.

O estudo de caso sobre o trabalho do padre Júlio Lancellotti com a população de rua exemplifica as mutações da aporofobia em suas expressões ideológicas, políticas, sociais, econômicas e culturais. O pároco presenciou o enquadramento dos setores progressistas da igreja católica com a subversão pela comunidade de informações montada pelo regime militar, enfrentou a violência das forças de segurança municipal e estadual contra as pessoas da rua, confrontou as medidas higienistas e excludentes do acesso e usufruto dos espaços públicos por moradores das ruas, sofreu perseguições dos grupos políticos reativos ao trabalho assistencial exercido pelo religioso e tem seu nome incluído no índex da cultura do cancelamento aos defensores dos desvalidos e marginalizados. Resultado da tenacidade em afrontar mentalidades, arquiteturas e retóricas aporofóbicas.

Notas

1. Trabalho apresentado ao Grupo de Trabalho Comunicação e Cultura do 33º Encontro Anual da Associação Nacional dos Programas de Pós-Graduação em Comunicação/Compós, Universidade Federal Fluminense (UFF), Niterói - RJ. 23 a 26 de julho de 2024.
2. Ver https://www.educamaisbrasil.com.br/educacao/noticias/o-que-e-aporofobia-e-como-combatela.
3. Ver https://www.terra.com.br/noticias/brasil/politica/vereador-diz-que-vai-arrastar-padre-julio-lancellotti-e-fazer-exame-em-suas-entranhas,e175c7c33454a195298f3c916765fd7c8sw545fc.html.
4. Ver https://www.terra.com.br/noticias/brasil/politica/padre-julio-lancellotti-nao-e-ong-e-nao-recebe-dinheiro-publico-diz-arcebispo-de-sp-sobre-cpi,3e3e65dc98befob02d6994e0d77b00972a7el8v1.html.
5. Ver https://agenciadenoticias.ibge.gov.br/agencia-noticias/2012-agencia-de-noticias/noticias/38545-pobreza-cai-para-31-6-da-populacao-em-2022-apos-alcancar-36-7-em-2021.
6. Ver https://mapa.despejozero.org.br/?modo=listagem&recorteTerritorial=mr.
7. Ver https://www.ipea.gov.br/portal/categorias/45-todas-as-noticias/noticias/13457-populacao-em-situacao-de-rua-supera-281-4-mil-pessoas-no-brasil.
8. BRASIL. Decreto-lei nº 3.688 de 1941. Lei das Contravenções Penais. Disponível em: http://www.planalto.gov.br/ccivil_03/decreto-lei/del3688.htm.
9. *Ibid.*
10. Ver https://sian.an.gov.br/sianex/consulta/Pesquisa_Livre_Painel_Resultado.asp?v_CodReferencia_id=1827386&v_aba=1.
11. Ver https://www1.folha.uol.com.br/cotidiano/2024/02/por-que-o-padre-julio-lancellotti-e-cancelado-e-amado-nas-ruas-de-sp.shtml.
12. Ver https://g1.globo.com/sp/sao-paulo/noticia/2021/02/02/padre-julio-lancelotti-quebra-a-marretadas-pedras-instaladas-sob-viadutos-pela-prefeitura-de-sp.ghtml.
13. Ver https://www.gov.br/mdh/pt-br/assuntos/noticias/2023/dezembro/governo-regulamenta-lei-padre-julio-lancellotti-que-veda-a-arquitetura-hostil-em-espaco-publico.
14. Ver https://piaui.folha.uol.com.br/armacao-do-mbl-contra-padre-julio-lancellotti/.
15. https://splegispdarmazenamento.blob.core.windows.net/visualizacao/RDP00034-2023ProcessoPrincipalV001.PDF?sv=2021-10-04&st=2024-02-28T20:13:29Z&se=-2024-02-28T21:33:29Z&sr=b&sp=r&sig=oDbGXYnAhyGGs1JIjS8pAvu6LbDXGf8Nhr7%2fewjijFQ%3d.

Referências

BRASIL. Decreto-lei nº 3.688 de 1941. *Lei das Contravenções Penais*. Disponível em: http://www.planalto.gov.br/ccivil_03/decreto-lei/del3688.htm. Acesso em: 22 fev. 2024.

BRASIL. Ministério da Aeronáutica. *Relatório mensal de informações nº 5/75/CISA*: a comunização do clero brasileiro – I. Centro de Informações de Segurança da Aeronáutica – CISA. Brasília, jun. 1975. Disponível em: http://imagem.sian.an.gov.br/acervo/derivadas/br_dfanbsb_v8/mic/gnc/aaa/75085114/br_dfanbsb_v8_mic_gnc_aaa_75085114_d0001de0001.pdf. Acesso em: 23 fev. 2024.

BRASIL. Ministério do Exército. *Relatório trimestral nº 6/87 – Movimento religioso e relação de distribuição*. Centro de Informações do Exército – CIE. Brasília, 21 maio 1987. Disponível em: http://imagem.sian.an.gov.br/acervo/derivadas/br_dfanbsb_v8/mic/gnc/aaa/88065170/br_dfanbsb_v8_mic_gnc_aaa_88065170_d0001de0002.pdf. Acesso em: 21 fev. 2024.

CASTELANI, Clayton. Por que o padre Júlio Lancellotti é amado e cancelado nas ruas de SP. São Paulo, *Folha de S. Paulo*, 3 fev. 2024. Disponível em: https://www1.folha.uol.com.br/cotidiano/2024/02/por-que-o-padre-julio-lancellotti-e-cancelado-e-amado-nas-ruas-de-sp.shtml. Acesso em: 26 fev. 2024.

CORTINA, Adela. *Aporofobia, a aversão ao pobre*: um desafio para a democracia. São Paulo: Contracorrente, 2020.

DESPEJO ZERO. *Campanha nacional #despejozero*: em defesa da vida no campo e na cidade. Disponível em: https://www.campanhadespejozero.org/.

FRANCO, Blandina. *Aporofobia*. São Paulo: Cia das Letrinhas, 2023.

FRANCO, Blandina. *Os pombos*. São Paulo: Cia das Letrinhas, 2023.

INSTITUTO BRASILEIRO DE GEOGRAFIA E ESTATÍSTICA. Pobreza cai para 31,6% da população em 2022, após alcançar 36,7% em 2021. Brasília, *Agência IBGE*, 06 dez. 2023. Disponível em: https://agenciadenoticias.ibge.gov.br/agencia-noticias/2012-agencia-de-noticias/noticias/38545-pobreza-cai-para-31-6-da-populacao-em-2022-apos-alcancar-36-7-em-2021. Acesso em: 22 fev. 2022.

INSTITUTO DE PESQUISA ECONÔMICA APLICADA. População em situação de rua supera 281,4 mil pessoas no Brasil. Brasília, *IPEA*, 08 dez. 2022. Disponível em: https://www.ipea.

gov.br/portal/categorias/45-todas-as-noticias/noticias/13457-populacao-em-situacao-de-rua--supera-281-4-mil-pessoas-no-brasil. Acesso em: 22 fev. 2024.

LANCELLOTTI, Júlio. A população e a rua. São Paulo, *Folha de S. Paulo*, 26 set. 2020. Disponível em: https://www1.folha.uol.com.br/opiniao/2020/09/a-populacao-e-a-rua.shtml. Acesso em: 26 fev. 2024.

LANCELLOTTI, Júlio. *Amor à maneira de Deus*. São Paulo: Planeta, 2021.

LANCELLOTTI, Júlio. *Tinha uma pedra no meio do caminho*: invisíveis em situação de rua. Coordenação: Alvaro de Azevedo Gonzaga. São Paulo: Matrioska Editora, 2021. (Coleção Leituras Críticas Importam).

MELO, Mônica Santos de Souza. O debate sobre aporofobia promovido pelo Padre Júlio Lancellotti nas redes sociais: uma análise semiolinguística. *Soletras – Revista do Programa de Pós-Graduação em Letras e Linguística* – PPLIN, Rio de Janeiro, n. 43, jan.-jun. 2022. Disponível em: https://www.e-publicacoes.uerj.br/soletras/article/view/65025. Acesso em: 26 fev. 2024.

PARÓQUIA SÃO MIGUEL ARCANJO. *O Arcanjo no ar*. Disponível em: https://www.oarcanjo.net/site/. Acesso em: 21 fev. 2024.

SERVIÇO NACIONAL DE INFORMAÇÕES. *Informe nº 1792/19/ASP/84*: Principais grupos de pressão da área. Agência de São Paulo. 27 jun. 1984. Disponível em: http://imagem.sian.an.gov.br/acervo/derivadas/br_dfanbsb_v8/mic/gnc/eee/84015874/br_dfanbsb_v8_mic_gnc_eee_84015874_d0001de0001.pdf. Acesso em: 21 fev. 2024.

Sobre os autores

Alexander Goulart – mestre e doutor em Comunicação Social pela Pontifícia Universidade Católica do Rio Grande do Sul (PUCRS), graduado em Jornalismo e licenciado em Ciências Sociais com MBA em Gestão Educacional pela Fundação Getulio Vargas (FGV). Autor do livro *Show do Milhão: imaginário de Silvio Santos e do SBT*. Orcid: https://orcid.org/0009-0001-5018-8238.

Álvaro Nunes Larangeira – pesquisador bolsista do Conselho Nacional de Desenvolvimento Científico e Tecnológico (CNPq), modalidade Pós-Doutorado Sênior (Chamada nº 32/2023 - Bolsas no País), e professor colaborador no Programa de Pós-Graduação em Comunicação Social da Pontifícia Universidade Católica do Rio Grande do Sul (PPGCOM/PUCRS). Orcid: https://orcid.org/0000-0002-7849-398X.

Ana Maria Dantas de Maio – doutora em Comunicação pela Universidade Metodista de São Paulo. Jornalista da Embrapa Pecuária Sudeste, atualmente cedida à Superintendência de Agricultura e Pecuária do Estado de São Paulo. Orcid: https://orcid.org/0000-0003-0917-2303.

André Lemos – professor titular do Departamento de Comunicação e do Programa de Pós-Graduação em Comunicação e Cultura Contemporâneas da Faculdade de

Comunicação da Universidade Federal da Bahia (UFBA). Doutor em Sociologia pela Universidade René Descartes, Paris V, Sorbonne (1995). Membro titular da Academia de Ciências da Bahia (ACB). Pesquisador 1A do CNPq. Tem mais de 15 livros publicados e inúmeros artigos nacionais e internacionais sobre cultura digital. Orcid: https://orcid.org/0000-0001-9291-6494.

Antonio Florentino Neto – doutor em Filosofia pela Frei Universität de Berlim; mestrado em Filosofia pela Universidade Federal de São Carlos (UFSCAR). Pesquisador do Grupo de Estudos Brasil-China da Universidade Estadual de Campinas (Unicamp), onde também atua como professor colaborador do Doutorado em Ciências Sociais – Área Estudos das Relações China-Brasil – Unicamp. Editor-chefe da revista *Modernos & Contemporâneos* e membro do corpo editorial da Editora Phi. Publica sobre Filosofia Oriental. Orcid: https://orcid.org/0000-0002-0304-8929.

Antonio Hohlfeldt – ex-professor do Programa de Pós-Graduação em Comunicação Social da PUCRS; pesquisador do CNPq; membro do Instituto Histórico e Geográfico do Rio Grande do Sul (IHGRGS). Autor, dentre outros, de *Teorias da Comunicação* (Vozes, 2008) e *A history of the press i nthge portuguese-speaking countries* (Media XXI, 2014). Orcid: https://orcid.org/0000-0001-5284-8730.

Brenda Carranza – doutora em Ciências Sociais; professora visitante do Programa de Pós-Graduação em História Social, da Faculdade de Formação de Professores da Universidade do Estado do Rio de Janeiro (PPGHS-FFP/UERJ). Professora colaboradora do Departamento de Antropologia Social da Universidade Estadual de Campinas (Unicamp). É uma das coordenadoras do Laboratório de Antropologia da Religião – LAR/UNICAMP. Orcid: https://orcid.org/0000-0003-4757-7205.

Cláudia Renata Pereira de Campos – doutoranda em Comunicação Social (PUCRS), mestre em História das Sociedades Ibéricas e Americanas (PUCRS), especialista em História Africana e Afro-brasileira (Faculdade Porto-Alegrense - FAPA/RS), graduada em Design de Moda (Universidade Luterana do Brasil - Ulbra/RS) e licenciada e bacharel em História (PUCRS). Curadora das três edições do Fashion Black POA (CCMQ). Orcid: https://orcid.org/0009-0005-5904-7019.

Cristiane Freitas Gutfreind – doutora em Sociologia pela Universidade Paris V. Professora titular do Programa de Pós-Graduação em Comunicação Social da PUCRS. Bolsista produtividade do CNPq. Foi professora visitante na Universidade Paul Valéry - Montpellier 3 (2007 e 2023). Membro da Association Française des Enseignants et Chercheurs en Cinéma et l'Audiovisuel. Líder dos grupos de pesquisa Cinema e Audiovisual: comunicação, estética e política (Kinepoliticom) e Cinema, Audiovisual, Tecnologias e Processos Formativos (Encruzilhada). Orcid: https://orcid.org/0000-0001-7333-3146.

Deivison Moacir Cezar de Campos – jornalista. Doutor em Ciências da Comunicação pela Universidade do Vale do Rio dos Sinos (Unisinos). Professor adjunto da Escola de Comunicação, Artes e Design da PUCRS. Coordena o curso de Jornalismo e é professor efetivo do PPGCOM/PUCRS. Coordena a área de Comunicação e Mídia da Associação Brasileira de Pesquisadores Negros (ABPN). Orcid: https://orcid.org/0000-0001-9928-9825.

Francisco Rüdiger – professor do Departamento de Filosofia da Universidade Federal do Rio Grande do Sul. Doutor em Sociologia pela Universidade de São Paulo. Pesquisador do Conselho Nacional de Desenvolvimento Científico e Tecnológico (CNPq). Orcid: https://orcid.org/0000-0002-1859-5394.

Juremir Machado da Silva – coordenador do Programa de Pós-Graduação em Comunicação Social da PUCRS. Doutor em Sociologia pela Universidade Paris V, René Descartes, Sorbonne. Fez pós-doutorado com Michel Maffesoli, Jean Baudrillard e Edgar Morin. *Doutor Honoris Causa* da Universidade Paul Valéry - Montpellier 3 (UPVM3). Professor visitante nas universidades Paris IV e Paul Valéry - Montpellier 3. Orcid: https://orcid.org/0000-0001-8105-5596.

Lucia Santaella – pesquisadora 1A do CNPq, professora titular na Pós-Graduação em Comunicação e Semiótica e em Tecnologias da Inteligência e Design Digital (PUC-SP). Doutora em Teoria Literária pela PUC-SP e Livre-docente em Ciências da Comunicação pela USP. Fez doze estágios de pós-doutorado no exterior e foi professora e pesquisadora convidada em várias universidades europeias e latino-americanas. Já levou à defesa 285 mestres e doutores. Publicou 57 livros e organizou 34, além da publicação de quase 500 artigos no Brasil e no exterior. Recebeu os prêmios Jabuti (2002, 2009, 2011, 2014), o prêmio Sergio Motta (2005) e o prêmio Luiz Beltrão (2010). Orcid: https://orcid.org/0000-0002-0681-6073.

Magali Cunha – doutora em Ciências da Comunicação, com estágio pós-doutoral em Comunicação e Política, pesquisadora em Religião e Política no Instituto de Estudos da Religião (ISER) e editora do Coletivo Bereia - Informação e Checagem de Notícias. Orcid: https://orcid.org/0000-0002-7679-7242.

Mariana Hase Ueta – socióloga e doutora em Ciências Sociais pelo programa de Estudos das Relações China-Brasil da Universidade Estadual de Campinas. Ela é atualmente pesquisadora de pós-doutorado na Wageningen University & Research na Holanda. Orcid: https://orcid.org/0000-0003-3299-8429.

Marcelo Pereira da Silva – pós-doutor em Comunicação pela Universidade Estadual Paulista. Doutor em Comunicação pela Universidade Metodista de São Paulo. Docente em dedicação integral à pesquisa no Programa de Pós-Graduação em Sustentabilidade e no curso de Relações Públicas da PUC-Campinas. Orcid: https://orcid.org/0000-0003-4363-8736.

Niklas Weins – cientista político e doutor em Ambiente e Sociedade pela Universidade Estadual de Campinas. Atualmente é professor assistente no Departamento de Estudos Internacionais da Xi'an Jiaotong-Liverpool University (XJTLU), Suzhou, China. Orcid: https://orcid.org/0000-0003-1345-6720.

Rachel Meneguello – professora titular do Departamento de Ciência Política da Universidade Estadual de Campinas (Unicamp), editora da revista *Opinião Pública*, pesquisadora 1B do CNPq e pesquisadora do CESOP (Centro de Estudos de Opinião Pública), onde coordena o Estudo Eleitoral Brasileiro, associado ao Comparative Study of Electoral Systems Project (CSES). Foi membro da diretoria da Associação Brasileira de Ciência Política, Asociación Latinoamericana de Ciencia Política e do Advisory Board of the America's Barometer. Orcid: https://orcid.org/0000-0001-8288-0280.

Renato Janine Ribeiro – professor titular de Ética e Filosofia Política na Universidade de São Paulo. Ministro da Educação do Brasil (2015) e presidente da Sociedade Brasileira para o Progresso da Ciência (2021-25). Autor de *A sociedade contra o social* (2000), *A boa política* (2017) e de *Duas ideias filosóficas e a pandemia* (2020), entre outros. Orcid: https://orcid.org/0000-0003-2974-0742.

Roberto Chiachiri – professor titular/pesquisador nos programas de Pós-Graduação em Comunicação Social e Educação da Universidade Metodista de São Paulo. Líder do Grupo de pesquisa Semio Humanitas. É pós-doutor pela Universidade de Paris 1 - Sorbonne, doutor e mestre em Comunicação e Semiótica pela PUC-SP, diretor no Brasil da Cátedra UNESCO/UMESP de Comunicação. Membro das: Associação Internacional de Semiótica (delegado Brasil), Federação Latino-americana de Semiótica, Associação Brasileira de Semiótica, Associação Francesa de Semiótica e Associação Internacional de Semiótica Visual. Professor convidado na Universidade Europeia – Lisboa – e da Sorbonne Paris 1. Orcid: https://orcid.org/0000-0002-7595-8243.

Rosângela Florczak de Oliveira – doutora em Comunicação pela PUCRS, graduada em Jornalismo, é professora e pesquisadora dos programas de Pós-Graduação em Comunicação Social (PPGCOM) e Teologia (PPG Teologia) da PUCRS. Orcid: https://orcid.org/0000-0002-8926-017X.

Sérgio Amadeu da Silveira – professor da Universidade Federal do ABC (UFABC), doutor em Ciência Política pela USP. Membro do Conselho Científico da Associação Brasileira de Pesquisadores em Cibercultura (ABCiber). Foi integrante do Comitê Gestor da Internet no Brasil e presidente do Instituto Nacional de Tecnologia da Informação. Autor de diversas publicações, entre elas, *Democracia e os Códigos Invisíveis* e *Exclusão Digital: a miséria na era da informação*. Bolsista de Produtividade em Pesquisa do CNPq. Orcid: https://orcid.org/0000-0003-1029-9133.

Tarso Genro – advogado, escritor, articulista em jornais, ensaísta, foi ministro da Educação, das Relações Institucionais e da Justiça em governos do presidente Lula. Dirigiu o Partido dos Trabalhadores (PT). Ex-prefeito de Porto Alegre (RS) e ex-governador do Estado do Rio Grande do Sul. Autor de *A utopia possível*.

Tom Dwyer – professor titular de Sociologia na Unicamp, bolsista produtividade 1B do CNPq, professor ou pesquisador convidado em uma dezena de instituições nas Américas, Europa e Oceania. Editor-geral do *Handbook of the Sociology of Youth in BRICS countries* (World Scientific, Cingapura, 2018); idealizador da *Hermès* nº 79, "Les BRICS, un espace ignore" (2017), organizada junto com Liu Chang e Olivier Arifon. Foi presidente da Sociedade Brasileira de Sociologia de 2005 a 2009. Orcid: https://orcid.org/0000-0002-8366-136X.

Capa, projeto gráfico e editoração: Niura Fernanda
Preparação de texto e revisão: Álvaro Nunes Larangeira
Editor: Luis Antonio Paim Gomes

Dados Internacionais de Catalogação na Publicação (CIP)
Bibliotecária Responsável: Denise Mari de Andrade Souza – CRB 10/960

H553

Hermès Brasil: Brasil, do país do futuro às incomunicações do presente / organizado por Juremir Machado da Silva, Roberto Chiachiri e Tom Dwyer. -- Porto Alegre: Sulina, 2024.
206 p.; 22x22 cm.

ISBN: 978-65-5759-191-8

1. Comunicação. 2. Jornalismo. 3. Comunicação e Tecnologia. 4. Informação - Internet. 3. Ciências Sociais. I. Silva, Juremir Machado da. II. Chiachiri, Roberto. III. Dwyer, Tom.

CDU: 070
CDD: 302

CNRS ÉDITIONS
1, Place Aristide Briand, 92195 Meudon (France).
Tel. (33) 1 45 07 55 12

EDITORA SULINA
Rua Leopoldo Bier, 644, 4º andar – Santana
Cep: 90620-100 – Porto Alegre/RS
Fone: (0xx51) 3110.9801
www.editorasulina.com.br
e-mail: sulina@editorasulina.com.br

Novembro/2024
IMPRESSO NO BRASIL/PRINTED IN BRAZIL

Este livro foi confeccionado especialmente
para a Editora Meridional Ltda.,
em Georgia, 10,5/16 e
impresso na Gráfica Noschang.